ココミル✚
cocomiru

沖縄

すてきな思い出
作りましょ♪

観光客に人気の古宇利島(P52)

ここにしかない風景を求めて

絶景、おいしい、ステキ、たのしいがたくさんの沖縄。
行きたい場所、おすすめの過ごし方を集めて紹介します！

Okinawa

アイスクリンカフェ アーク(P107)

海沿いドライブを楽しめる
国道58号線

茶処 真壁ちなーの三枚肉そば (中) 700円 (P91)

赤瓦とシーサー 茶処 真壁ちなー (P91)

青空に映える守礼門 (P34)

国営沖縄記念公園 (海洋博公園)・沖縄美ら海水族館 (P44)

ドライブ途中、海を眺めながらのんびりする時間も（P85浜辺の茶屋）

ここにしかない海の色を求めて
海の色は、陽の光に呼応して変化します
カフェでのんびり波を眺めたり
サンセットスポットへドライブも

左から：西海岸には万座毛（P67）のような夕景スポットが／沖縄美ら海水族館（→P44）から徒歩で行けるエメラルドビーチ（MAPP154A1）。その美しさは折り紙付き／貝殻やサンゴの欠片がいっぱい

Beach

ここにしかない亜熱帯の森へ
緑生い茂る森には神聖な空気が漂っています
木漏れ日の中、のんびり歩きましょう
ティータイムはミストを感じるテラス席へ

左上から：スケールの大きな城壁からは海も眺められる（P50今帰仁城跡）／南国の緑に囲まれる（P57 cafe ichara）／辺りに漂う空気が神聖さを感じさせる（P85斎場御嶽）

Forest

備瀬のフクギ並木を水牛車でめぐってみて（P50）

備瀬のフクギ並木には昔懐かしい沖縄の風景が残る（P50）

5

一日中賑やかな国際通りには
グルメもみやげも揃う(P24)

ここにしかないビタミンカラーの街へ
沖縄は、青空、赤瓦、花も色鮮やか
明るくカラフルな街並みも歴史を感じる街も
すべて沖縄の風土がつくり出した風景です

右:那覇空港近くにある白
亜のショッピングモール
(P88瀬長島ウミカジテラ
ス)／左:フォトジェニック
なウォールアートを探そ!
(P70美浜アメリカンビレッ
ジ)／下:首里の街には歴
史が刻まれた石畳道が残る
(P36首里金城町石畳道)

Town

ビタミンカラー
のスムージー
は見るだけで
パワーを感じる
(P106 Vita
Smoothies)

左上：島野菜たっぷりのランチ (P99
食堂faidama)／せっかく沖縄に来
たならハンバーガーも食べたい
(P103 GORDIE'S)

かわいすぎて食べづらい、白熊さん
(P107いなみね冷し物専門店お食事処)

Gourmet & Souvenir

ここにしかないモノを食べたい買いたい
食も雑貨もオキナワンスタイルで
南国ならではの食材やメニューを発見したり
かわいくてモダンな工芸品に出合ったり…

左上から：作家さん同士のコラボでここにしかない作品
を(P110 tituti OKINAWAN CRAFT)／美しいグラ
スなどぬくもりの感じられる作家作品を探しに行こ
う(P111グラスアート藍)／伝統的張子玩具をアレンジ
したミルク神の表情にひと目ぼれ(P41玩具ロードワーク
ス)／紅型を現代風にアレンジされたがまぐちやティッ
シュケースは普段使いにぜひ(P110紅型キジムナー工房)

沖縄ってどんなところ？

東京から南西に約1600km
特有の文化が根付いています

亜熱帯気候に属する沖縄は、年間平均気温が23℃程度。本島北部は亜熱帯樹林が広がり、ヤンバルクイナなど固有種も棲息。また、1429年に成立した琉球王国では、中国や東南アジア諸国との交易により、独自の王朝文化が花開きました。首里城公園（☞P34）などの歴史的遺構や工芸品、芸能などに、往時の面影を感じることができます。

首里城への入口、
守礼門（☞P34）

沖縄美ら海水族館
（☞P44）の黒潮の海

みどころはどこ？

沖縄美ら海水族館と国際通り
が2大人気スポットです

ジンベエザメやナンヨウマンタなど、巨大な魚を展示する、スケールの大きな沖縄美ら海水族館（☞P44）は、多くの人々が訪れる人気スポット。また那覇市内にある国際通り（☞P24）は賑やかなメインストリート。ショップがとても多くみやげ選びにぜひ訪れたい場所です。

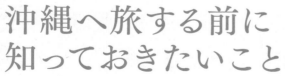

沖縄へ旅する前に
知っておきたいこと

みどころや距離感などを前もって知っていれば、
沖縄の旅の計画や旅行当日の行動は、スムーズです。
しっかりと予習して旅支度を整えましょう。

移動はどうするの?

観光にはレンタカーが最適。那覇市内だけならゆいレールも

沖縄での移動手段はレンタカー（☞P139）が基本。レンタカーは那覇空港周辺にあるレンタカー営業所で借りることができ、営業所へは空港から送迎車のサービスがあります。夏休みやゴールデンウイークなど、繁忙期は早めに予約しましょう。那覇市内のみの観光なら、ゆいレール（☞大判付録表）を活用して道路の渋滞を避けるのもおすすめ。

レンタカーなら
行動の幅が広がります

観光にどのくらいかかる?

意外と広い沖縄本島 最短でも2泊3日は必要です

沖縄本島は南北に約100kmあり、観光地が各地に分散。そのため、沖縄美ら海水族館や国際通りなど定番観光スポットを巡るには、移動時間を考慮すると最短2泊は必要です。やんばるや南部など、本島をくまなく観光したり、離島へ出かけるのであれば、3泊はみておきましょう。

ルネッサンス リゾート
オキナワ（☞P127）
のビーチ

沖縄の世界遺産って?

世界文化遺産と2021年に登録された世界自然遺産があります

2000年、首里城跡や斎場御嶽など9カ所が「琉球王国のグスク及び関連遺産群」として世界文化遺産に登録。また、2021年7月には、「生物の多様性」などが評価され、沖縄島北部と西表島が、鹿児島県の奄美大島や徳之島とともに世界自然遺産に登録されました。

城壁が見事な
今帰仁城跡（☞P50）

花笠食堂（☞P96）の
ゴーヤーチャンプルー

沖縄料理ってどんなものがあるの?

チャンプルー、沖縄そば、ラフテー。島食材を使った料理が豊富です

県民食として親しまれるチャンプルーや沖縄そばがその代表格。ゴーヤーやナーベーラーなど島野菜を使った料理も多く、家庭料理なら食堂で味わえます。また、ラフテーやテビチといった豚肉料理が多いのも特徴。いろいろ楽しみたいなら、沖縄料理が充実している居酒屋がおすすめ。南国らしいひんやりスイーツもお忘れなく。

山原そば（☞P59）の
ソーキそば

琉冰 Ryu-pin（☞P106）のアイス
マウンテン トロピカルフルーツ

ANAインターコンチネンタル万座ビーチリゾート（☞P126）の客室

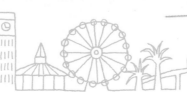

沖縄のホテルの魅力って?

これぞリゾート！な理想が叶う、ホテルが西海岸エリアに集中

オーシャンビューの客室、歩いてすぐの美しいビーチでのアクティビティ、さらにはエステでまったり…。そんな南国バカンスを体験できる沖縄のリゾートホテルは西海岸に集中しています。那覇空港と沖縄美ら海水族館の中間に当たり、主要観光地への移動もしやすくなっています。（☞P119）

どんな伝統工芸品があるの？

紅型、やちむん、琉球ガラス… ふだん使いができる逸品も

色彩豊かな紅型、土のぬくもりを感じるやちむん、透明感あふれる琉球ガラスなど、沖縄の豊かな風土を表現したような工芸品は、みやげとしても人気です。近年、より洗練されたモダンな作品が増えたことから、選ぶ楽しさも広がっています。機会があれば制作体験にも挑戦してみましょう。(☞P74)

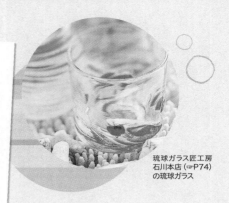
琉球ガラス匠工房
石川本店(☞P74)
の琉球ガラス

やちむん喫茶
シーサー園(☞P56)

ちょっと寛ぎたくなったら？

本島南部の海カフェと 北部の森カフェがおすすめです

コーラルブルーの海を一望する海カフェ(☞P86)や、豊かな緑に囲まれた森カフェ(☞P56)。沖縄の美しい自然がくつろぎの時間を演出する、ロケーション自慢のカフェはいかが？海カフェは南部の東海岸一帯に、森カフェは本部町伊豆味の八重岳周辺に点在。観光途中に立ち寄りやすいのも魅力です。

雨降りの場合はどうしたらいい？

水族館などの屋内施設や ホテルで過ごすことも一案

強い雨であれば、グスクなど屋外観光はあきらめて、水族館や体験工房(☞P74)など屋内施設へ出かけましょう。また、那覇市第一牧志公設市場(☞P30)周辺はアーケード街なので、雨天でも大丈夫。台風など荒天の場合は、宿泊ホテル内でエステや工芸などを体験してみましょう。

天候を気にせず
楽しめる那覇市
第一牧志公設
市場(☞P30)

出発ー！

11:00 那覇空港

那覇空港（☞P116）は沖縄旅の記念すべき第一歩。ここから送迎車でレンタカー会社へ

12:30 首里そば

観光前に、大人気の首里そば（☞P95）でランチ。歯ごたえのある手打ち麺が独特

13:30 首里城公園

琉球王国の中枢を担った首里城（☞P34）。その入口にある守礼門は首里のシンボル

世界遺産なんです

園比屋武御嶽石門（☞P34）は聖地を拝むための門で国王もここで祈願したという

15:00 美浜アメリカンビレッジ

美浜アメリカンビレッジ（☞P70）には個性的なショップがいっぱい

映えスポットがいっぱい！

フォトスポットがあちらこちらに。なかでも消防車のウォールアートが大人気

17:30 万座毛

沖縄を代表する景勝地、万座毛（☞P67）。時間が合えば、サンセットもぜひ見てみたい

おやすみ…

19:00 リゾートホテル

宿泊先となるリゾートホテル（☞P119）へチェックイン。のんびり疲れを癒そう

おはよう！

想像以上の迫力

10:00 沖縄美ら海水族館

沖縄美ら海水族館（☞P44）入口には、ジンベエザメの大きなモニュメントが

国内最大の大水槽、黒潮の海。ジンベエザメが泳ぎ、そのスケールに圧倒される

13:00 ピザ喫茶 花人逢

眺めが素晴らしいピザ喫茶 花人逢（☞P58）。ノスタルジックな雰囲気も魅力

15:30 古宇利大橋

沖縄本島最長の橋、古宇利大橋（☞P52）を爽快にドライブ。窓全開で走りたい

2泊3日で
とっておきの沖縄の旅

沖縄美ら海水族館や国際通りなど人気スポットのほか、
琉球王国の遺産にも足をのばします。
沖縄本島の南から北まで、心ゆくまで沖縄を満喫しましょう。

白砂がまぶしい！

道の駅許田
17:00 やんばる物産センター

那覇市内の
18:00 ホテル

那覇市内で
19:00 夕食

古宇利島（☞P52）は美しい
ビーチが点在しハートロックが
あるティーヌ浜が有名

てんぷらなどのご当地グルメ
が揃う道の駅許田 やんばる
物産センター（P79）

那覇市内のホテル（☞P134）
にチェックイン。夜の国際通り
を散策してみよう

小梅（☞P101）は気軽な大衆
酒場、泡盛やオリオンビールと
一緒に夜ご飯を

3日目 ❋ おはよう！

沖縄の味を満喫

10:00 国際通り

11:00 the Sea

12:00 花笠食堂

沖縄一の繁華街、国際通り（☞
P24）へ。ショップがひしめき、
みやげ選びが楽しい

海想 平和通り店（☞P26）で
沖縄をモチーフにしたマスキン
グテープを購入

スイーツでひと休み。the Sea
（☞P26）で南国ナイズされた
かき氷をいただきます

ランチは沖縄料理で。花笠
食堂（☞P96）でチャンプルー
を味わう

那覇市第一
13:00 牧志公設市場

壺屋
14:00 やちむん通り

到着ー！

16:00 那覇空港

那覇市第一牧志公設市場（☞
P30）はまるで食のテーマパー
クのよう

赤や青と色彩豊かな魚たち。2
階の飲食店で調理してもらっ
て食べることもできる

公設市場から徒歩5分。王国
時代より続く焼物の街、壺屋
（☞P32）を散策

搭乗時間まで余裕があれば、
限定みやげを買ったり、沖縄
グルメを楽しもう（☞P116）

せっかく遠くへ
来たんですもの

4日目はひと足のばしてみませんか？

聖地や戦跡が残る
本島南部

世界遺産、斎場御嶽（☞P85）
やひめゆりの塔・ひめゆり平和
祈念資料館（☞P84）などが
点在。近年、人気を集めている
海カフェ（☞P86）もおすすめ。

ジャングルが広がる
やんばる

本島最北の岬、辺戸岬（☞P62）
や森の中をトレッキングできる
比地大滝（☞P61）のほか、マ
ングローブカヌー（☞P60）な
どで大自然を満喫できる。

13

ココミル⁺
cocomiru

沖縄

Contents

● 表紙写真
ハイビスカス、Vita Smoothies (P106)、ア
ジアン・ハーブレストランカフェくるま (P86)、
首里そば (P95)、茶処 真壁ちなーのシーサー
(P91)、tituti OKINAWAN CRAFT
(P110)、琉氷 Ryu-pinのアイスマウンテン
(P106)、古宇利島のハートロック (P53)、沖
縄美ら海水族館 (P44)、守礼門 (P34)

〈マーク〉　　　　〈DATAマーク〉
観光みどころ・寺社　☎ 電話番号
プレイスポット　🏠 住所
レストラン・食事処　¥ 料金
居酒屋・BAR　🕐 開館・営業時間
カフェ・喫茶　休 休み
みやげ店・ショップ　交 交通
宿泊施設　P 駐車場
　　室 室数
MAP 地図位置

世界遺産の園比屋武御嶽石門

風情ある首里金城町石畳道

沖縄の焼き物、やちむん

海を眺めながらのんびりとお茶

外国人住宅で営まれるカフェ

首里城公園の守礼門前で

古宇利大橋で爽快ドライブ

旅の途中で見かける南国の花々

沖縄の守り神、シーサー

青い海に癒されながら まずは沖縄の観光に出かけましょう

鮮やかな朱色の赤瓦が印象的な守礼門、
大小の魚たちが優雅に泳ぐ姿に
心を奪われてしまう沖縄美ら海水族館。
北から南まで沖縄独特の文化にふれる旅へ。

沖縄美ら海水族館で沖縄の海中世界へ

沖縄本島って こんなところ

沖縄本島は南北で約120km。本州とは異なる自然や文化を育み、魅力にあふれています。

沖縄観光はレンタカーが基本です

沖縄では地域をつなぐ鉄道がなく、路線バスは観光に向かないため、移動はレンタカーがベスト。カーナビは標準装備なので、たいていの観光地へのアクセスはスムーズ。

沖縄本島はけっこう広いです

沖縄本島は一周約380km。空港から沖縄美ら海水族館へは高速道路利用でも約2時間。那覇市内は渋滞も多いので、空港に向かう場合は、余裕をもった計画を。

空港～那覇はゆいレールで

移動が那覇・首里エリア内なら、ゆいレールが効率的。空港から国際通りや首里などの観光地を結び、那覇市内の激しい渋滞に巻き込まれることもないため、便利です。

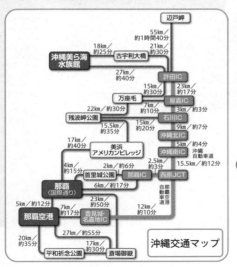

沖縄交通マップ

辺戸岬	
	55km 約1時間40分
18km 約25分	21km 約30分
古宇利大橋	
沖縄美ら海水族館	
	27km 約40分
	許田IC
15km 約30分	23km 約17分
万座毛	屋嘉IC
	7km 約10分
22km 約30分	3km 約3分
残波岬公園	石川IC
15.5km 約35分	9km 約7分
	沖縄北IC
17km 約40分	5km 約4分
美浜アメリカンビレッジ	沖縄南IC
4km 約15分	2km 約6分
首里城公園	那覇IC
	6km 約12分
那覇〈国際通り〉	15.5km 約12分 西原JCT
5km 約12分	23km 約50分
那覇空港	豊見城・名嘉地IC
20km 約35分	27km 約55分
平和祈念公園	斎場御嶽

なは・しゅり
那覇・首里 ①

・・・P20

県庁所在地で国際通りなど有名スポットが集中。市域の東側には古都、首里がある。

ここをチェック
- 国際通り ☞P24
- 公設市場 ☞P30
- 壺屋やちむん通り ☞P32
- 首里城公園 ☞P34

ほんとうなんぶ
本島南部 ④

・・・P82

那覇市より南側のエリア。南部戦跡や斎場御嶽などのパワースポットが点在している。

ここをチェック
- ひめゆりの塔・ひめゆり平和祈念資料館 ☞P84
- 平和祈念公園 ☞P84
- 斎場御嶽 ☞P85
- 海カフェ ☞P86

まずはココで情報収集

なはしかんこうあんないじょ
那覇市観光案内所

那覇市内の観光に関する情報を無料で提供。フリーペーパーなどお得な情報が得られます。
☎098-868-4887 ⓗ那覇市牧志3-2-10（てんぶす那覇1階）
ⓣ9～19時 ⓗ無休 ⓐゆいレール牧志駅から徒歩6分 ⓂⒶⓅ
P147D2

ほんとうほくぶ
本島北部 ②

・・・P42

名護市以北のエリア。沖縄美ら海水族館がある本部半島と、大自然が広がるやんばるから成る。

ここをチェック ✐
- 沖縄美ら海水族館 ☞P44
- 古宇利島 ☞P52
- 今帰仁城跡 ☞P50
- 森カフェ ☞P56

辺戸岬

② **本島北部**

伊江島
伊江島
備瀬崎
沖縄美ら海水族館
今帰仁城跡
古宇利島
古宇利大橋
505
今帰仁村
名護市
屋我地島
水納島
瀬底島
本部町
本
部
港
449
58
名護市
名護湾
部瀬名岬
ブセナ海中公園
海中展望塔・グラスボート
許田IC
名護城跡
329
やんばる
国頭村
比地大滝
大宜味村
東村
慶佐次川のマングローブ
331
大浦湾
安部崎
ギミ崎
バン崎

なごし
名護市

本島北部への玄関口で、北部最大の都市。複数のテーマパークや名護市営市場（写真）がある。

ターミナルタウン

東シナ海

万座毛
恩納村
真栄田岬
青の洞窟
58
万座毛
屋嘉IC
沖縄自動車道
石川SA
宜野座IC
宜野座村
329
③ **本島中部**

琉球村
残波岬公園
金武IC
金武町
金武岬
座喜味城跡
やちむんの里
石川IC
金武湾
読谷村
沖縄北IC
うるま市
伊計島
平安座島
海中道路
沖縄市
嘉手納町
沖縄南IC
北谷町
北中城村
勝連城跡
浜比嘉島
カンナ崎

太平洋

ここをチェック ✐
- 美浜アメリカン
  ビレッジ ☞P70
- やちむんの里 ☞P72
- 青の洞窟 ☞P76

美浜アメリカンビレッジ

那覇・首里 ①

北中城IC
喜舎場スマートIC
中城城跡
北中城PA
中城村
中城湾
浦添市
58
330
浦添IC
那覇市
那覇IC
西原IC
西原町
那覇港
那覇
国際空港
那覇
南風原北IC
与那原町
南風原町
豊見城・名嘉地IC
豊見城市
南風原南IC
豊見城IC
南城市
知名崎
斎場御嶽
知念岬
久高島

ほんとうちゅうぶ
本島中部 ③

・・・P64

13市町村から成り、西海岸リゾートや美浜アメリカンビレッジが主なみどころ。

糸満港
507
331
おきなわワールド
ひめゆりの塔・
ひめゆり平和祈念
資料館
喜屋武岬
荒崎
八重瀬町
平和祈念公園

④ **本島南部**

N
0 ⬆ 5km

沖縄本島ってこんなところ

これしよう！
琉球王朝気分で
世界遺産めぐり

琉球王国の中枢として栄えた首里城公園（☞P36）と周辺が散策にいい。紅型や泡盛の製造所も多い。

これしよう！
南国ならではの
市場めぐり

沖縄らしい魚や食材が並ぶ那覇市第一牧志公設市場（☞P30）は、ウチナーンチュの台所。

これしよう！
買い物天国はコチラ
国際通りへ行こう

南国らしいショップが通り沿いに並ぶ国際通り（☞P24）。毎週日曜12〜18時は歩行者天国に。

名物ストリートと、琉球王朝を偲ぶ古都を訪ねます

那覇・首里
なは・しゅり

散策のお供に
スイーツを

こんなところ

沖縄の中心地・那覇市街を貫く約1.6kmの国際通り。かつては「奇跡の1マイル」戦後復興のシンボル的な存在で、通り沿いにはレストランやみやげ店が立ち並んでいます。首里は琉球王国の都があった場所。世界遺産の首里城跡など、散策すれば、琉球王朝時代の繁栄の歴史が感じられます。

那覇・首里は
ココにあります！

沖縄美ら海・
水族館

那覇・首里
国際通り
那覇空港

access

●那覇空港から国際通りまで
那覇空港駅からゆいレールで13分、県庁前駅下車、徒歩2分
●那覇空港から首里城まで
那覇空港駅からゆいレールで27分、首里駅下車、徒歩15分

問合せ
☎098-868-4887
那覇市観光案内所
☎098-862-1442
那覇市観光協会
広域MAP P144〜145

～那覇・首里 はやわかりMAP～

地元っ子注目の新都心エリア
大型ショッピングセンターやカフェ、居酒屋などが集まる。

ゆいレールを賢く利用するのが旅上手
那覇空港からてだこ浦西を結ぶ。景観も◎。
（☞折込MAP表）

浦添・北谷へ

浦添市

58

泊漁港
泊大橋
波之上臨港道路
泊港

古島IC
古島

沖縄県立博物館・
美術館
新都心

市立
病院前
末吉公園

真嘉比IC
市立病院

330

石嶺
ゆいレール
（沖縄都市モノレール）

0   500m

N

T ギャラリア 沖縄 by DFS
法華経寺

国際通り
（☞P24）

1

美栄橋

神徳寺

おもろまち

首里城公園
（☞P34）

儀保

5

首里

県庁前

那覇中心部

パレットくもじ
沖縄県庁
那覇
市役所

牧志

栄町市場
安里

安国禅寺

首里

万松院

首里城

390
旭橋

329

壺川

330

4

壺屋やちむん通り
（☞P32）

6

首里金城町石畳道
（☞P36）

那覇IC

西原JCTへ

那覇大橋

3

那覇市第一牧志公設市場
（☞P30）

識名霊園墓地

南風原町

奥武山公園

那覇空港へ

奥武山公園

2

浮島通り
（☞P28）

那覇市

沖縄大

那覇西バイパス

渡嘉橋

爬龍橋

国場川

真玉橋

507

観光のヒント
レンタカーでの移動は要注意です
那覇市内の渋滞は慢性的で、国際通りは日中ほぼ渋滞していると考えていい。さらに国道58号や国道330号は朝夕の渋滞が激しいので、余裕をもって行動したい。

詳しくはP22へ   スタート   ゴール

おすすめコースは
4時間

浮島通り、那覇市第一牧志公設市場へは国際通りからすぐ。壺屋やちむん通りへも徒歩で行けます。首里へはゆいレールを利用、安里駅から首里駅へは9分。

	1	2	3	4	5	6	
	買い物	買い物	買い物 見学	見学	見学	見学	
ゆいレール県庁前駅 ▶	国際通り	浮島通り	那覇市第一牧志公設市場	壺屋やちむん通り	首里城公園	首里金城町石畳道	ゆいレール首里駅
	徒歩2分 ▶	徒歩10分 ▶	徒歩5分 ▶	徒歩5分 ▶	安里駅まで徒歩10分。安里駅からゆいレールで9分、首里駅から徒歩15分 ▶	徒歩8分 ▶	徒歩20分 ▶

国際通りから首里城まで まずは那覇の代表的な観光名所へ

所要4時間 MAPとコースの案内はP21へ

那覇市は国際通り周辺にみどころが集中しているため、観光を兼ねた散策に便利です。
古都の風情が残る首里にも足をのばしてみましょう。

歩道にはヤシが植栽され、南国ムードたっぷり

① START!

こくさいどおり
国際通り

詳しくは P24へ

沖縄のメインストリート

いつも観光客で賑わう約1.6kmの通り。ずらりとショップが立ち並び、定番の沖縄みやげから雑貨まで、幅広く揃う。

☎098-863-2755（那覇市国際通り商店街振興組合連合会）住那覇市久茂地〜安里 営通行自由 交県庁前駅から徒歩2分、牧志駅から徒歩すぐ P なし MAP P146B3〜147E2

暑い沖縄はぴったり

MANGO CAFE わしたショップ国際通り店（☞P24）のマンゴー果実かき氷

一緒に写真撮ろうねー

徒歩10分

シーサーアクセで注目度アップ？

国際通りの両端にシーサーが鎮座

Splash Okinawa 2号店（☞P25）のシーサーストラップ

詳しくは P99へ

ランチはここで

野菜が食べたい日の定食1540円

②

詳しくは P28へ

うきしまどおり
浮島通り

地元客が集う路地裏へ

若手アーティストが手掛ける店が多く、古くからの街並みに最新のセンスが融合するオキナワカルチャーの発信地として人気。

住那覇市松尾 営通行自由 交県庁前駅から徒歩10分 P なし
MAP P146C3

個性的な店が点在している

しょくどうふぁいだま
食堂faidama

魚、野菜、八重山そばなど、和食をベースに2週間おきに替わる4種類の定食が楽しめる。

☎098-953-2616 住那覇市松尾2-12-14 営11〜15時（売切れ次第閉店）休月〜水曜 交牧志駅から徒歩10分 P なし MAP P147D3

徒歩5分

新旧の工房や陶器店が軒を連ねている

5

しゅりじょうこうえん
首里城公園

詳しくは P34（首里城公園）へ

琉球王国の中枢を担った王城

約450年間、琉球王国の中心として栄えた王城。2026年の正殿復元に向け工事が進んでいる。

☎098-886-2020（首里城公園管理センター）
🏠那覇市首里金城町1-2 ¥有料区域400円 ⏰HP参照 休HP参照 🚃首里駅から徒歩15分 Ｐ有料50〜116台（季節変動あり） MAP P157B3

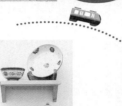

那覇市街を一望できる物見台、西のアザナ

徒歩とゆいレールで
35分

4

つぼややちむんどおり
壺屋やちむん通り

詳しくは P32へ

古くからの焼物タウン

風情ある約400mの通りには、窯元たちの工房や直売店が並ぶ。お気に入りの器を探しながら、のんびり歩いてみるのもいい。

🏠那覇市壺屋 ⏰見学自由 🚃牧志駅から徒歩10分 Ｐなし MAP P147E4

若手作家の作品が並ぶ
guma-guwa（☞P33）

ひと休みは
ここで

ぶくぶくちゃや
ことしゅりかりー
ぶくぶく茶屋
古都首里嘉例

お茶の上に、炒った米などで立てた泡をこんもりとのせた伝統茶。琉球王朝時代から福を呼ぶ縁起物と伝えられている。自分自身で泡を立てる体験も楽しめる。

DATA →P37

ぶくぶく茶セット
1500円

徒歩
5分

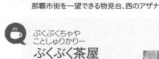

2階には食堂やスイーツの店舗が集まる

青く輝くイラブチャーはブダイの仲間

乾物やカマボコなども販売している

3

なはしだいいちまきしこうせついちば
那覇市第一牧志公設市場

詳しくは P30へ

沖縄の食材が大集合

那覇の台所的存在。入り組んだ通路にはたくさんの店がひしめき合い、まるで迷路のよう！

☎098-867-6560（管理事務所）🏠那覇市松尾2-10-1 ⏰8〜21時 休第4日曜（12月は営業）🚃牧志駅から徒歩8分 Ｐなし MAP P147D3※営業時間、定休日は店舗により異なる

徒歩
8分

GOAL!

6

しゅりきんじょうちょういしだたみみち
首里金城町石畳道

詳しくは P36へ

王国時代を偲ぶ古道

首里城と那覇を結ぶ主要道、真珠道（まだまみち）の一部。沿道に並ぶ赤瓦屋根の民家など、ノスタルジックな雰囲気を感じながら散策したい。

☎098-917-3501（那覇市市民文化部文化財課）🏠那覇市首里金城町 ⏰通行自由 🚃首里駅から徒歩20分 Ｐなし MAP P157A3

周囲の風景とあいまって、情緒にあふれている

📖 壺屋やちむん通りから首里城公園へはタクシーの利用も便利です。所要時間は約15分。運賃は1500円前後です。

欲しいものはすべて揃うかも？！
沖縄のメインストリート・国際通り

みやげ店を中心としたショップが連なる国際通りは、観光客で賑わう沖縄一の繁華街。
ショッピング途中の休憩だって、沖縄らしいスイーツやグルメを楽しみましょう。

＋国際通りって？
こく　さい　どお

沖縄観光のマストスポット！

那覇の中心部を貫く約1.6kmの通りで、ショッピングや沖縄グルメを満喫するのにぴったり。公設市場（☞P30）や、壺屋やちむん通り（☞P32）も徒歩圏内にあり、通りの観光と合わせて巡れば、1日かけて遊べます。

問合せ 那覇市国際通り商店街振興組合連合会
☎098-863-2755
アクセス 那覇空港駅からゆいレールで13分、県庁前駅下車、徒歩2分
MAP P146A3〜147E2

マンゴーがたっぷり

Ⓐ MANGO CAFE わしたショップ 国際通り店
まんごーかふぇ　わしたしょっぷこくさいどおりてん

マンゴーをふんだんに使ったぜんざいをはじめ、マンゴー果実スムージー680円が好評。
☎070-5536-1708 住那覇市久茂地3-2-22（わしたショップ本店前）営9〜20時 休無休 交県庁前駅から徒歩3分
Ｐなし
MAP P146B3

マンゴー果実かき氷　780円
甘味料を使用せずマンゴーそのものの味をストレートに楽しめる

Ⓑ Zooton's
ずーとんず

数量限定の自家製ベーコンバーガー1390円をはじめ、シンプルに旨さを追求したボリュームたっぷりのバーガーが人気。ドリンクをオーダーするとハンバーガーにポテトが付く。
☎098-861-0231 住那覇市久茂地3-4-9 営11〜20時LO（日・火曜は〜16時LO）休無休
交県庁前駅から徒歩5分 Ｐなし
MAP P146B3

肉汁たっぷりパティ！

アボカドチーズ バーガー 1190円
アボカドと合い挽きパティの旨みが絶妙にマッチ

国際通りMAP

県庁前
県庁北口
県庁口
むつみ橋
蔡温橋
下図参照
牧志駅

県庁北口交差点〜むつみ橋交差点まで800m・徒歩10分

毎週日曜の12〜18時は**歩行者天国に**

国際通りの一部で実施し、エイサーなどのパフォーマンスが披露されます。
☎098-863-2755（那覇市国際通り商店街振興組合連合会）

ⓒ T&M COFFEE 牧志店
てぃーあんどえむ こーひー まきしてん

生産者や産地を大切にしたスペシャルティコーヒーは490円。サイフォンやフレンチプレスなど好みの抽出方法で楽しめる。フードやデザートもある。
☎098-943-0914
🏠那覇市牧志1-2-6
🕙10時〜17時30分
LO(月・土・日曜は8時〜19時30分LO)　休火曜　交県庁前駅から徒歩11分　Pなし
MAP P146C2
上質な豆を使用したスペシャリティコーヒー

丁寧に淹れた一杯を

スペシャルティコーヒー
490円〜

ⓓ Ryu Spa国際通り県庁前店
りゅう すぱこくさいどおりけんちょうまえてん

久米島に工場を構えるスパコスメブランドの直営店。人気のボタニカルシリーズやクチャパックなど約100種類のアイテムを揃えている。
☎098-917-2100
🏠那覇市久茂地3-2-20
🕙10〜21時　交県庁前駅から徒歩3分
休不定休　Pなし
MAP P146B3

久米島発のコスメブランド♥

Botanicalフェイスマスク海ぶどう
330円
久米島産海ぶどうから抽出したエキスを配合

Ⓑ
ふくぎや P.41
郷土料理あわもりゆうなんぎい P.101
Ⓔ
通り
松尾
ホテルニューおきなわ
ホテル国際プラザ
ホテルグレイスリー 那覇

ニューパラダイス通り
Ⓒ
ホテルJALシティ那覇 P.135
P26へ
ホテルコレクティブ P.134
おきなわ屋本店 P.113
ライブハウス島唄 P.105
琉球ぴらす 浮島通り店 P.29

Ⓔ PUFFY SNOW
ぱふぃー すのー

牛乳をベースにココナッツと練乳を混ぜて作ったミルク氷を削る、ふわふわかき氷が人気。
☎098-863-5531　🏠那覇市久茂地3-5-13　🕙10〜20時(季節により変動あり)　交県庁前駅から徒歩6分　休月曜(7〜12月は無休)
Pなし　MAP P146B3

ふわふわ氷が人気

パフィースノーストロベリー
800円
ミルク味のストロベリーアイスとストロベリーシロップがベストマッチ

Ⓕ Splash Okinawa 2号店
すぷらっしゅ おきなわ にごうてん

沖縄のビーチリゾートをイメージしたオリジナルデザインのアイテムが揃う。シェルを使った手作りアクセサリーやシーサーモチーフのキャラも人気。☎098-988-1238　🏠那覇市松尾1-3-1　🕙10〜21時　休無休　交県庁前駅から徒歩3分　Pなし　MAP P146B3

旅の思い出を部屋に飾ろう!

招きベビーシーサーペア置物
880円
あどけない表情がキュートな2体のシーサーが福を招いてくれる

国際通りの名前の由来は、その昔「アニーパイル国際劇場」という映画館があったことからといわれています。

欲しいものはすべて揃うかも？！
沖縄のメインストリート・国際通り

P25からのつづき

トロピカルかき氷！

ざしー
G the Sea

久米島の海水から作るふわふわかき氷専門店。選んで作れるフルーツかき氷をはじめ、トロピカルなオリジナルスイーツが楽しめる。

☎098-943-7250 住那覇市牧志3-1-16 ⏰11〜21時 休水曜 交牧志駅から徒歩7分 Pなし MAP P147D2

グラニータ（いちご練乳）980円
甘めの味付き氷のシャリシャリ感が楽しい新感覚のかき氷

濃厚な味わい

マンゴー＆紅芋（ダブル）600円
一番人気のマンゴーはミルクベースの紅芋と相性抜群

素材の味が凝縮！

紅芋とパッションフルーツ（ダブル）600円
パッションフルーツの爽やかな酸味が◎

ふぉんたな じぇらーと
H Fontana Gelato

県産の紅芋や島豆腐、シークワーサーなど季節の果物を使ったジェラートを展開。フレーバーは常時14種類。フレッシュな味わいをぜひ楽しみたい。

☎098-866-7819 住那覇市牧志2-5-36 ⏰10時30分〜21時30分 休無休 交牧志駅から徒歩5分 Pなし MAP P147D2

美栄橋駅へ↑

沖映通り

むつみ橋

久高民藝店 P.41

J

P25 へ

ドン・キホーテ

K M

市場本通り

むつみ橋通り

N L G I

那覇市観光案内所 P.18
てんぶす那覇

ホテルパーム
ロイヤルNAHA
国際通り P.135

オリオン通り

グランド国際通り P.40 屋台村

国際

竜宮通り

H

シンプルで使いやすい！

かいそう へいわどおりてん
I 海想 平和通り店

「海を感じていたい」をテーマに6店舗展開。店舗により商品が少しずつ異なり、平和通り店では海の生き物や文化をモチーフにした商品などを揃える。

☎098-862-9228 住那覇市牧志3-2-56 ⏰10〜20時 休無休 交牧志駅から徒歩7分 Pなし MAP P147D2

オリジナル刺繍ポーチ 各2420円
ザトウクジラと店名の刺繍が入った2種類。シンプルなデザインが魅力

フォトジェニック！

ぽこ かふぇ
J POCO CAFE

オリジナルのタピオカエッグワッフルをベースに、トロピカルフルーツやアイスをトッピングしたユニークなメニューを提供。モチモチとしたワッフルの食感がたまらない。

☎098-988-9980 住那覇市牧志1-3-62 ⏰10〜22時 休無休 交牧志駅から徒歩9分 Pなし MAP P146C2

フレッシュフルーツマウンテン 930円
モチモチのエッグワッフルにマンゴーなど南国フルーツ盛りだくさん！

国際通りMAP
下図参照
県庁前駅
県庁北口　むつみ橋　蔡温橋
牧志駅
むつみ橋交差点〜蔡温橋交差点まで450m　徒歩8分

K フルーツ市場
ふるーついちば

旬のフルーツを贅沢に

マンゴーや島バナナといった南国フルーツを販売。パインスティック150円〜などフレッシュフルーツがその場でいただけるメニューは、散策のお供にピッタリ。

☎098-864-2240　住那覇市牧志3-1-1　⏰10〜21時　休無休　交牧志駅から徒歩7分　Pなし　MAP P147D2

トロピカル盛合せ
600円〜
ドラゴンフルーツなどの南国フルーツ数種を一度に楽しめる、贅沢な一品

L 松原屋製菓
まつばらやせいか

しっとりおいしい沖縄おやつの定番

戦後すぐに開業した老舗。黒糖アメの販売から始まり、今では、沖縄の冠婚葬祭用の菓子から、見た目も鮮やかなスイーツまで、和洋スイーツが目白押し。

☎098-863-2744　住那覇市松尾2-9-9　⏰9〜17時　休水曜　交牧志駅から徒歩8分　Pなし　MAP P147D3

さーたーあんだぎー
1個120円
サラダ油でカラッと揚げた沖縄の伝統菓子。黒糖や紅芋など、味は多い時で10種類

M KUKURU OKINAWA 市場店
くくる おきなわ いちばてん

ポップでかわいい！

沖縄色にこだわったテキスタイルブランド「KUKURU」直営店。Tシャツから沖縄手ぬぐいまで、バラエティに富んだアイテムが揃う。

☎098-863-6655　住那覇市松尾2-8-27　⏰9〜21時　休無休　交牧志駅から徒歩7分　Pなし　MAP P147D2

あうんシーサー Tシャツ
2980円
オリジナルのシーサーイラストが人気のユニセックスTシャツ

N ポーたま 牧志市場店
ぽーたま まきしいちばてん

スパムと厚焼き玉子をサンドした沖縄のソウルフード・ポークたまごおにぎりの専門店。ゴーヤーの天ぷらや島豆腐をサンドした変わり種なども揃う。

☎098-867-9550　住那覇市松尾2-8-35　⏰7〜19時　休無休　交牧志駅から徒歩8分　Pなし　MAP P147D3

とっても貝だくさん！

チキナー 460円
スパムと厚焼き玉子、からし菜の塩漬け・チキナーをサンドした市場店限定メニュー

 毎年8月に行われる「一万人のエイサー踊り隊」の会場はなんと国際通り！勇壮な演舞は感動必至です。

国際通りからちょっと裏道へ
隠れ家的な路地裏人気店

「ニューパラダイス通り」と「浮島通り」。国際通りから一歩入った2つの裏通りには
雰囲気のあるショップがちらほら、すてきなカフェや雑貨にもきっと出合えるはずです。

[ニューパラダイス通り]

うきぐも かふぇ まきしてん

浮雲 cafe
牧志店 ❶

雲みたいな
ふわふわかき氷

浮雲のふわふわをテーマに、果実やオリジナルシロップを凍らせて作るかき氷が評判。マンゴーヨーグルト&レアチーズ880円（写真）やレアチーズ紅芋880円など常時10種類のかき氷ほか、沖縄ぜんざいなどもある。

☎098-894-8522 🏠那覇市牧志1-2-12 🕐12時〜16時30分LO 🈶木曜 🚃美栄橋駅から徒歩10分 🅿なし MAP P146C2

カウンターやテーブル席の
ほかテラス席もある

[ニューパラダイス通り]

よかぜにあいす なはてん

夜風にアイス
那覇店 ❷

写真映えする
キュートな夜パフェ

地元の若者を中心に人気を集める夜パフェ専門店。写真のマンゴーナタデココ600円など常時18種類に加え、月ごとに季節限定が登場。カワイイ見た目とリーズナブルな価格もうれしいポイント。

☎なし 🏠那覇市牧志2-16-19 🕐16時30分〜24時（金〜日曜、祝日は12〜24時 🈶無休 🚃美栄橋駅から徒歩6分 🅿なし MAP P147D1

クラッシュしたちんすこうのザクザク食感が楽しめるちんすこうソフト580円

ニューパラダイス通り ①
←県庁北口へ ② 国際通り 牧志駅へ→
⑤ ③ 浮島通り ④

浮島通り
らくっちーな そーぷ ぶてぃっく
LA CUCINA SOAP BOUTIQUE ③

南国素材の肌にやさしい琉球コスメ

厳選した天然素材のみを使用し、熱を加えない伝統的な製法で手作りした石けんが好評。バスソルトやアロマオイルなども種類豊富。

☎098-988-8413 住那覇市松尾2-5-31 ◐12〜20時 休水・日曜 交県庁前駅から徒歩10分 Pなし
MAP P146C3

店内は天然アロマのやさしい香りが漂う

沖縄素材の石鹸
各1870円
美容効果の高い月桃や青パパイヤなど、良質な素材を使った洗顔石けん

リゾートバスソルト
各374円
沖縄の海水塩に天然アロマが香る、リゾート感あふれる入浴剤。マリンなど全3種類

浮島通り
がーぶ どみんご
GARB DOMINGO ④

生活空間を彩る沖縄の新デザイン

"琉球モダン"をテーマに、伝統にとらわれない今の生活に合った琉球ガラスや漆器などをセレクト。沖縄にゆかりの深い作家たちの作品が揃っている。

☎098-988-0244 住那覇市壺屋1-6-3 ◐9時30分〜13時、14時30分〜17時 休水・木曜 交牧志駅から徒歩9分 Pなし
MAP P147D3

美しくディスプレイされたインテリアにも注目

オーバル小皿 4620円
ポップなカラーリングで人気の佐藤尚理さんのドローイングシリーズ

ゴブレット
瑠璃色
各6600円
夫婦で作陶するnakamurakeno shigotoさんの紺碧の海を思わせる陶器のゴブレット

浮島通り
りゅうきゅうぴらす うきしまどおりてん
琉球ぴらす 浮島通り店 ⑤

デイリーに活躍する沖縄的アイテム

県内で活躍するイラストレーターや紅型作家などとコラボしたTシャツが中心。絵柄を彫り入れた島ぞうりなど、オキナワンテイストな服飾雑貨も見逃せない。

☎098-863-6050 住那覇市松尾2-2-14 ◐11時〜19時30分 休無休 交県庁前駅から徒歩10分 Pなし
MAP P146C3

大人も楽しめるアートなデザインが揃う

てみやげ
3960円
陶芸家香月舎のデザインTシャツ。沖縄の動物達が沖縄名物のプレゼントを届けに

島サバタトゥー
(ブーゲンビリア)
2420円
島ぞうりに手彫りで絵柄を加えた人気商品。カメなどの柄も

 栄町市場(MAP P147F2)は夜になるとギョーザや串焼きなどのお店がオープン。「市場飲み」を楽しむ人で賑わいます。

沖縄ならではの食材がひしめく「公設市場」を探検しましょう

さまざまな食材が揃う那覇市第一牧志公設市場がリニューアルオープン。
沖縄独特の食文化を体感できるディープな雰囲気の市場内をのぞいてみましょう。

乾物も揃う
平田漬物店

島らっきょう
がおすすめ
さぁ～

【仲田鮮魚】
「めずらしい魚、食べてみて」

おばちゃんと魚のツーショット

市場周辺には
にゃんこがいっぱい

こんなところにも!!

レトロ!

スターバックス・
国際通り
むつみ橋
牧志駅へ
ドン・キホーテ
水上店舗
平和通り
むつみ橋通り
市場本通り
まちぐゎー
市場中央通り
那覇市第一
牧志公設市場
浮島通り

【コーヒースタンド小嶺】
シークヮーサーを使った
冷やしレモン120円

市場内の
オアシスです!

①たくさんの人で賑わう2階の食堂街
②沖縄らしい調味料もいっぱい

ウミヘビの燻製も！

迷路のような
公設市場周辺
「まちぐゎー」

「まちぐゎー」とはで商店街のこと。那覇市第一牧志公設市場周辺がその代表格で、大小さまざまな通りが縦横無尽に交差。まるで迷宮に迷い込んだかのような気分が楽しめます。
MAP P147D3

🛍 市場2階の人気店もチェック！

【美里精肉店】
おみやげに最適な豚肉料理のパウチも販売

【平田漬物店】
ゴーヤーを使った珍しい漬け物も

❸市場の外周にはみやげ店が並ぶ ❹沖縄料理に欠かせない豚肉がずらりと並ぶ ❺漬け物がいっぱい ❻沖縄の近海で採れる色鮮やかな魚たち

🛍 歩サーターアンダギー
あゆみさーたーあんだぎー

伝統的な揚げ菓子サーターアンダギーの専門店。小麦粉、砂糖、ミルク、卵黄のみをまぜて作るため生地はやや黄色を帯び、しっとりとした食感とほのかな甘みが特徴。

☎098-863-1171
🕙10時～売り切れ次第終了 休水・日曜

サーターアンダギー
5個入り600円

🍴 あだん
あだん

沖縄料理が多数揃う大衆食堂。一番人気は数量限定の骨汁（単品）650円でタコライス850円など単品料理も豊富。ほとんどのメニューにハーフサイズが用意されていて、色々食べたいという人に好評。

☎098-863-6742 🕙10時30分～16時30分（日曜は～16時）休木曜、第4日曜（12月は営業）

もずくの天ぷら（4個入り）700円

🍨 H&B ジェラ沖縄
えいちあんどびー じぇらおきなわ

沖縄のフルーツを使った生ジェラートの専門店。パイナップルやシークヮーサーなどフレーバーは14種類ありどれも500円。段重ねでの注文も可能。料金改訂予定あり。

☎090-8708-9047
🕙10～나時（水曜、第4日曜（12月は営業）

マンゴーや紅芋など5段重ねに挑戦！800円

見学時間
30分

【鮮魚エリア】
まるで熱帯魚のような沖縄の魚

なはしだいいちまきしこうせついちば
那覇市第一牧志公設市場

**鮮魚に豚肉に沖縄料理も！
まるで「食」のテーマパーク**

約70年の歴史をもつ市場で「那覇の台所」との異名を持つ。3階建ての市場内は吹き抜けの開放的な造りで、1階は肉や魚、野菜などを販売し2階は飲食店が集まる。1階で買った食材を2階の食堂で調理してもらって食べる「持ち上げ」も人気だ。

☎098-867-6560（管理事務所）住那覇市松尾2-10-1 🕙8～21時 休第4日曜（12月は営業）Pなし 🚃牧志駅から徒歩8分 **MAP** P147D3
※営業時間・定休日は店舗により異なる

「持ち上げ」システムって？

1階の鮮魚店で買った食材を2階の飲食店で調理してくれるシステム。食材費＋調理代（1人3品まで550円）で、食材をその場で味わえる。たとえばある日の場合…

●食材…2500円
グルクン1匹
イラブチャー1匹
車エビ1尾
●調理代…550円
合計3050円（1人分）

王国時代の薫りが残る
壺屋やちむん通りを歩いて

散策所要時間
約2時間

国際通りからほど近い場所にある壺屋は、琉球王国時代から続くやちむん（焼物）の町で、壺屋焼の産地です。古の風情を感じながら、焼物ウォッチを楽しみましょう。

壺屋やちむん通りってこんなところ

340年以上の歴史をもつ窯場

1682年、琉球王府により各地の窯場が集められたのが壺屋の始まり。やちむん通りは、壺屋の中心部を通る全長約400mの石畳道で、通り沿いに直売所が軒を連ねる。ここ数年、若手作家による作品が注目を集めている。

アクセス 牧志駅から徒歩10分
P 有料コインパーキングあり
MAP P147E3〜4

▶通りの入口付近には、やちむんの案内板が立つ

国際通りから徒歩10分、街中とは思えないほど風情豊か

那覇市立 壺屋焼物博物館 ❶

やちむんについての見聞を広めることができる博物館

壺屋焼をはじめとする沖縄の焼物の歴史や技法、製作工程などを紹介。この博物館を建設中に発掘された古窯の保存展示や壺屋の今昔を説明する映像シアターなど、壺屋の情報が充実している。

☎098-862-3761 **住**那覇市壺屋1-9-32 **¥**常設展350円 **⊙**10〜18時（最終入館17時30分）**休**月曜（祝日の場合は開館）**交**牧志駅から徒歩10分 **P**なし **MAP**P147E3

1人間国宝の金城次郎氏の作品など、貴重な作品が展示されている **2**戦前の壺屋の民家を復元し、生活と壺屋焼の関わりを紹介している

壺屋にもネコがいっぱいいるニャ！

↑牧志駅へ

国際通り

那覇市立
壺屋焼物博物館 ①

桜坂中通り

平和通り

ふぇーぬかま
南ヌ窯

③ 育陶園 壺屋焼やちむん道場

ひめゆり通り

・東ヌ窯

② guma-guwa

壺屋やちむん通り

うつわスカート ④

⑤ うちなー茶屋
ぶくぶく

那覇・首里 ● 壺屋やちむん通りを歩いて

◀ボウル
（ヤングリーフ）
2750円など

シーサーを模した
箸置き。1個990円

①朝食をテーマにした器や雑貨が並ぶ
②店名は沖縄の方言で「小さい」という意味。そのとおり、小ぢんまりとした店舗だ

おみやげに やさしい色合いが特徴のマグカップ（菊紋g-2）3850円

ぐまーぐわぁー
guma-guwa ②

日常使いの器が揃う

老舗窯元、育陶園のブランドショップ。小さなキッチンとリビングをイメージした店内には、器を中心に暮らしを楽しむアイテムを取り揃える。陶器にはすべて沖縄の土と手作りの釉薬を使用。

☎098-911-5361 ⓗ那覇市壺屋1-16-21 ⓛ10～18時 ⓗ無休 ⓧ牧志駅から徒歩12分 ⓟなし MAP P147E3

いくとうえん つぼややきやちむんどうじょう
育陶園
壺屋焼やちむん道場 ③

シーサー作りに挑戦してみよう

体験では、土を捏ねたり、手足や尻尾を作ったりと一見難しそうだが、講師が丁寧に教えてくれる。所要時間は1時間程。その後、窯で焼かれ、約1カ月後に完成。送料別途で配送してくれる。

☎098-863-8611 ⓗ那覇市壺屋1-22-33 ¥立（たち）シーサー作3850円～（空きがあれば当日予約可）ⓛ9～17時（体験は10時、11時、12時、14時、15時、16時）ⓗ無休 ⓧ牧志駅から徒歩13分 ⓟなし MAP P147E3

やちむん作りにふれてみて下さい♪

▲最後の仕上げ。目を描き模様を付ければ完成だ

育陶園講師
高安彩百合さん

できあがり
オリジナルのシーサーが完成

▲珍しい作風やシルエットのアイテムも多い

①ポップでかわいらしい恐竜図鑑3806円
②シックな印象の花器1万3860円

おみやげに

うつわすかーと
うつわスカート ④

衣食住に寄り添う器たち

そのアイテムで完結せず「創造する余白があるもの」をコンセプトに、1点ものや作家ものをセレクト。衣食住すべてに関わっていきたいと、陶器に限らず普段使いできる商品が揃う。

☎098-988-9639 ⓗ那覇市壺屋1-21-9 ⓛ10時～18時30分 ⓗ無休 ⓧ牧志駅から徒歩13分 ⓟなし MAP P147E4

☕ ちょっとひと休み

うちなーちゃや ぶくぶく
うちなー茶屋 ぶくぶく ⑤

沖縄の伝統茶でほっとひと息

ギャラリー併設のモダンな茶屋。"福福茶"ともよばれ、琉球王国時代に庶民の祝いの席でよく飲まれた「ぶくぶく茶」をはじめ沖縄素材を生かしたスイーツやドリンクも楽しめる。

☎098-943-4811 ⓗ那覇市壺屋1-22-35 ⓛ11～18時 ⓗ火曜 ⓧ牧志駅から徒歩13分 ⓟなし MAP P147E4

①香ばしい玄米茶が下に隠れるぶくぶく茶1000円（お菓子付き）②通り沿いに立ち寄りやすい

 例年11月3日前後に「壺屋やちむん通りまつり」が開催され、ロクロの無料体験や各店舗での割引販売などが行われます。

城郭内を散策しながら
今の首里城公園を見学

青空の下、高台にある首里城公園の城郭内を散策♪
城門や城壁など琉球王国の息吹がしっかりと感じられます。

＼ START ／

すいむいかん
首里杜館

徒歩
1分

ココ
ミル！

へんがく
扁額

"守禮之邦"と書
かれた扁額から
「守礼門」と呼ば
れるようになった

1 しゅれいもん
守礼門

華やかな首里城への入口

城郭外に建つ中国の牌楼（ぱ
いろう）形式で立てられた門。
沖縄ならではの赤瓦が二層に
施され、琉球王国の美をたた
える姿が印象的。創建は16世
紀中ごろとされ、沖縄戦で焼
失したが昭和33年（1958）
に復元。以降、沖縄観光のシ
ンボルとして親しまれている。

徒歩
すぐ

2 そのひゃんうたきいしもん
園比屋武御嶽石門

世界
遺産

国王も拝礼した祈りの場

門扉以外は琉球石灰岩で造営されて
いる。人が通る門ではなく、いわば神
への「礼拝の門」というべき門。1519
年の創建で国王が城外へ出かける折
にはここで拝礼したという。

3 ずいせんもん
瑞泉門

赤い櫓の城郭内2番目の門

城郭内への第一門である歓会門
から続く急な石階段の頂に立つ。
門の手前には龍樋とよばれる、今
でもこんこんと湧く湧水があり、
それが門の名の由来となってい
る。創建は1470年ごろで1992
年に復元されたものである。

こくえいおきなわきねんこうえんしゅりじょうこうえん
国営沖縄記念公園首里城公園

☎098-886-2020（首里城公園管理センター）
🏠那覇市首里金城町1-2 💴400円 🏖HP参照
🚌ゆいレール首里駅から徒歩15分 🅿有料50～
116台（季節により変動あり）📍P157B3

徒歩
2分

ココ
ミル！

りゅうひ
龍樋

龍頭の彫刻は1523
年に中国からもたら
されたもので当
時のもの

期間	営業時間	
	無料区域	有料区域
4～6月、10～11月	8時～19時30分	8時30分～19時
7～9月	8時～20時30分	8時30分～20時
12～3月	8時～18時30分	8時30分～18時

※有料区域の入場締切は閉園時間の30分前まで

④ 下之御庭
しちゃぬうなー

有料区域手前の広場

有料区域と無料区域を分ける奉神門手前の広場。一角には大龍柱補修展示室（写真）があり、火災で被害を受けた大龍柱を見ることができる。また西側には系図座・用物座があり休憩所として利用され、呈茶サービスを実施。

徒歩5分
ここから有料区域

呈茶サービス

花ぼうる、くんぺんなど6種類の中から季節ごとに4種類の伝統菓子をさんぴん茶とともに楽しめます。

¥800円 ⏰9〜18時
（17時30分LO）

徒歩2分

⑤ 素屋根
すやね

正殿再建の様子を目の前で

建築中の正殿を風雨や虫害から守るための建物で、高さは約25m。正殿がすっぽりとおさまる大きさで、巨大な体育館のようだ。3階建てで各階に見学エリアが設けられ、着々と進む正殿再建を間近に見られる。

徒歩1分

⑥ 世誇殿
よほこりでん

かつては国王即位儀式が行われた

御内原（おうちばら）と呼ばれ国王一家と女官のみが入ることが許された空間の一角に立つ建物。現在では大型ディスプレイで正殿の歴史などを上映。また、世界遺産の正殿基壇遺構を、CGで紹介している。

⑦ 首里城復興展示室
しゅりじょうふっこうてんじしつ

徒歩1分

正殿の残存物を展示

獅子瓦、石獅子など火災前から正殿を彩っていた石彫刻の残存物を展示。首里城正殿の工事の進捗にあわせた解説パネルや実物の素材などを展示。

⑧ 東のアザナ
あがりのあざな

徒歩5分

首里城で最も高い場所にある物見台

首里城で最も東側に位置し標高は約140m。東側を望むと首里の街並みや久高島が眺められ、西側には奉神門など首里城城郭内が一望できる。

徒歩15分

GOAL

首里杜館
すいむいかん

駐車場やインフォメーション、レストラン、ショップを備える。首里城巡りの拠点として利用しよう。

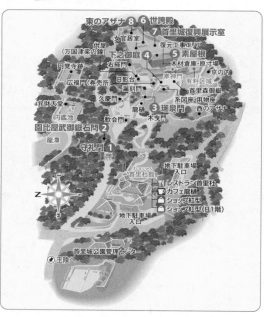

有料区域内の女官居室は「ミュージアムショップ球陽」として営業。首里城関連のみやげ品や軽食を販売しています。

琉球王国時代から変わらぬ風景も 古都・首里のまち巡り

首里城の周辺には、王国時代を偲ばせる史跡が点在しています。
首里城公園とセットで、充実した古都散策を楽しみましょう。

所要時間
約5時間

徒歩
9分

月桃が香る
首里まんじゅう(小)1個150円

/ START /

しゅれいもん
守礼門

1

500年前の古道を
歩きませんか？

3

徒歩
10分

すぐ近くのパワースポット

**首里金城の
大アカギ**

石畳道から徒歩3分のところに樹齢200年以上の大アカギが5本自生している。国の天然記念物に指定されている。

2

徒歩
6分

首里の銘酒を少し
だけ試飲しました

中村製菓

徒歩
7分

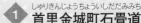

1
しゅりきんじょうちょういしだだみみち
首里金城町石畳道

現存する王国時代の古道

約500年前に造られた、首里城と那覇を結ぶ主要道、真珠道。石畳道はその一部で、当時のまま現存。勾配の激しい坂道だが、沿道に赤瓦家屋の休憩所があり、ひと息つくのに便利だ。

☎098-917-3501(那覇市市民文化部文化財課) 住那覇市首里金城町 時通行自由 交首里駅から徒歩20分 Pなし MAPP157A3

2
ずいせんしゅぞう
瑞泉酒造

王国時代の伝統を受け継ぐ

かつて王府の「焼酎職」と呼ばれる職人により厳しく管理されていた泡盛。その焼酎職を始祖に持つ酒造所。工場見学では泡盛の歴史をはじめ、製造工程を紹介するビデオの鑑賞や試飲もできる。☎098-884-1968 住那覇市首里崎山町1-35 時9時～17時30分(見学受付は～17時要予約) 休不定休あり 交首里駅から徒歩10分 P5台 MAPP157B3

3
なかむらせいか
中村製菓

泡盛を練り込んだ首里の銘菓

酒蔵の町として栄えた首里らしいお菓子をと、ゆいレール開通を記念して復刻した首里まんじゅう。生地に泡盛を練り込んだまんじゅうを月桃の葉と共に蒸すことで、上品な香りも楽しめる。☎098-884-5901 住那覇市首里鳥堀町1-24-1 時9～19時(日曜は～12時) 休無休 交首里駅から徒歩5分 Pなし MAPP157C3

4

小さな橋を渡って
赤瓦のお堂へ

レンタサイクルで古都を
らくらくツーリング

首里巡りは「旅チャリ」が便利。
電動アシスト自転車2時間1000円～
【eレンタルサイクル ポタリング首里】
☎098-963-9294 MAP P157C3

えんかくじあと
円覚寺跡

1494年に創建さ
れた王家の菩提寺
跡。池にかかる放生
橋は往時の物で国
の重要文化財

りゅうたん
龍潭

1427年に造られた
人工池で中国から
の使者を船遊びの
宴で歓待したという

ユニークな
シーサーに注目

5

ぶくぶく茶の
泡立てに挑戦

6

GOAL

建造物としては
沖縄唯一の国宝

徒歩
5分

徒歩
3分

[地図]
ぶくぶく茶屋
古都首里嘉例 5
儀保駅へ
ゆいレール
弁慣鉄道モノレール
200m
龍潭通り
池端
龍潭
当蔵
首里駅
首里高
県立芸大
中村製菓 3
守礼門
円覚寺跡
烏堀
玉陵 6
START
首里城公園
弁財天 4
eレンタルサイクル
ポタリング首里
首里金城町
石畳道 1
興禅寺禅堂
赤マルソウ通り
瑞泉酒造 2
首里金城の大アカギ
那覇ICへ

---

4 べざいてんどう
弁財天堂

池の上の小さなお堂

円鑑池に浮かぶ小島に建てられたお
堂で、弁財天を祀る。島に架かる天
女橋は、中国南部のデザインの特徴
をもつアーチ門で1502年に建造さ
れた。国の重要文化財に指定。
☎098-886-2020（首里城公園管理セ
ンター）住那覇市首里真和志町 ⏰見学自
由 🚃首里駅から徒歩12分 Pなし
MAP P157B3

5 ぶくぶくちゃや ことしゅりかりー
ぶくぶく茶屋
古都首里嘉例

泡がこんもり不思議なお茶

炒った米を煎じ、茶筅で立てた泡を用
いたユニークなお茶。かつては士族階
級にたしなまれたもので、ゴーヤー茶
やハイビスカス茶など10種類がある。
琉球生菓子が付くぶくぶく茶セット
1500円（写真）が人気。☎098-885-
5017 住那覇市首里池端町9 ⏰10時～17
時30分LO 休火・水曜 🚃首里駅から徒歩
13分 P4台 MAP P157B2

6 たまうどぅん
玉陵

王族が眠る世界遺産の陵墓

1501年、尚真王が造営。以後王家
の陵墓となり、歴代の国王や王族、約
70基が安置されている。墓室の上部
に置かれた愛嬌たっぷりのシーサー
にも目を向けたい。2018年には国宝
に指定された。☎098-885-2861 住
那覇市首里金城町1-3 ¥300円 ⏰9時～
17時30分最終入場 休無休 🚃首里駅から
徒歩18分 Pなし MAP P157A3

📖 首里は丘の上にあるためアップダウンが激しい。歩きやすい履物で散策しよう

首里城について もっと知りたい

かつては琉球王国の王城として栄華を極め、
近年では沖縄観光のシンボルとして親しまれている首里城。
いったいどんな城なのか、ここで詳しく学んでおきましょう。

首里城の歴史や建築的特徴に注目してみましょう

沖縄各地に点在している城（グスク）の中で最も大きな規模を持つ首里城。
琉球国王の王城としての歴史のほか、沖縄ならではの建築様式にも目を向けてみましょう。

◆ 歴史でみる首里城の成り立ち

首里城の創建年代は13～14世紀頃とする説が有力。1429年、後の琉球国王となる尚巴志が三山を統一、首府を浦添城から首里城へと移したことから首里城は歴史の表舞台へ。1429年の琉球王国の成立以降、首里城は徐々に整備され、1879年の明治政府による琉球処分まで約450年間、王城としての役割を果たしていた。

◆ 建築からみる首里城

首里城は中国の紫禁城をモデルにしたともいわれており、日本国内の城とは見た目も構造も大きく異なる。特に天守を持たず、城の中心である正殿は朱の漆、屋根には赤瓦が用いられるなど明るい色彩が特徴といえる。

◆ 首里城と沖縄の略年表

- **1429年** 第一尚氏王統開く（三山統一し、琉球王国を樹立）
- **1872年** 琉球藩設置
- **1879年** 琉球王国がほろびる
- **1925年** 首里城の正殿部分が旧国宝に指定
- **1945年** 第二次世界大戦終戦、首里城焼失
- **1972年** 5月15日、日本に復帰し沖縄県となる
- **1992年** 首里城正殿などを復元
- **2000年** 「琉球王国のグスク及び関連遺産群」として世界文化遺産へ登録
- **2019年** 2月、新たに整備された御内原エリア公開
- **2019年** 10月、首里城正殿を中心に火災にて焼失
- **2020年** 「見せる復興」をテーマに正殿遺構などを公開
- **2026年** 正殿復元予定

首里城の中心、正殿を在りし日の姿から深堀り

龍頭棟飾

大龍柱

■首里城正殿。中国だけでなく唐破風など日本の建築様式も取り入れるなど特異な構造を持つ。また国王の象徴である龍の彫りや装飾が随所に施され、その数は33体。「龍が住む城」とも。3階建てで1階は政治を司る下庫理（しちゃぐい）、2階は王族の私的な生活空間の大庫理（うふぐい）があり、3階は通気口となっている ❷御差床（うさすか）とよばれる玉座。2階にあり禅宗の須弥壇に似た形をしている。後方には3枚の扁額が掲げられている ❸1階にある御差床。2階に比べると装飾は控えめ。両端の一団低くなっている場は、平御差床（ひらうさすか）とよばれ王太子、王太孫が着座した ❹おせんみこちゃと呼ばれる部屋で国王と女官が毎朝東方を向いて礼拝をする場

※こちらの写真は焼失前のものです。現在、正殿内の見学はできません。

御庭を囲む建物

正殿前は御庭（うなー）と呼ばれる広場で
かつては儀式などが行われた場所。
※写真は焼失前のものです。

おうちばら
御内原

正殿の後方(奥)のエリアで女性中心の生活空間。国王の即位儀式を行う世誇殿や女官居室などの建物がある。城郭に東側に設けられた物見台、東のアザナは首里城で最も高い位置にある。今回の火災では被害が少なく、建物も現存。現在は公開されている。

くがにうどぅん・ゆいんち・きんじゅうつめしょ
黄金御殿・寄満・近習詰所

黄金御殿は王や王妃の居室、寄満は王族の食事を調理する場所、近習詰所は国王への取次ぎを行う近習頭や近習役が控えていた建物

おくしょいん
奥書院

国王が執務の間の休憩所として使用したプライベート空間。南側には小さな庭園があり、東側には苅銘御嶽もある

しょいん・さすのま
書院・鎖之間

南殿と渡り廊下でつながっており書院は国王の執務室、鎖之間は王子の控室として使用されていた

ほくでん
北殿

琉球王府の行政施設としての機能を持っていた建物。中国からの使者にはここで茶や酒を振る舞いもてなしたという

なんでん・ばんどころ
南殿・番所

平屋が番所で2階建ての南殿と廊下でつながっている。薩摩藩の役人を接待した場所で白木造りの和風の建物である

※御内原以外の建物は消失前のものです。現在、見学はできません。

イベント

城壁のライトアップや琉球王国時代の行事を再現したイベントなど、火災により休止していたものも徐々に再開しています。

ライトアップ

日没～24時にかけてのライトアップを実施。ライトアップされる場所は城郭及び宇礼門などの外観施設。闇夜に浮かぶ城壁は堂々としており、圧巻なので夜の散歩もおすすめ。

うけーじょー
御開門式

銅鑼の合図と「うけーじょー」の掛け声で開門する儀式。休館日を除く毎日実施。場所は奉神門前、時間は8時25分～8時35分。※最新情報は公式HPをご確認下さい。

ココにも行きたい

那覇・首里のおすすめスポット

🏛 那覇市歴史博物館
なはしれきしはくぶつかん

王国時代の国宝を観賞できる

「王朝文化と都市の歴史」をテーマに歴史資料を展示。琉球国王尚家より寄贈された、国宝の衣装や美術品はぜひ見ておきたい。貴重な王冠のレプリカは通年公開している。**DATA** ☎098-869-5266 住那覇市久茂地1-1-1パレットくもじ4階 ¥350円（大学生以下無料）🕙10〜19時 休木曜（臨時休館あり）交県庁前駅から徒歩5分 Pパレットくもじ有料駐車場利用 MAP P146A3

📷 沖縄県立博物館・美術館（おきみゅー）
おきなわけんりつはくぶつかん・びじゅつかん（おきみゅー）

沖縄の歴史や文化・美術が学べる

博物館では沖縄の歴史や文化・自然を紹介。美術館では沖縄ゆかりの作家の作品を中心に展示。**DATA** ☎098-941-8200 住那覇市おもろまち3-1-1 ¥博物館530円、美術館400円（企画展は別途）🕙9〜18時（金・土曜は〜20時）※入館は30分前（祝日の場合は開館翌平日休館）休月曜 交おもろまち駅から徒歩10分 P158台 MAP P145D1

琉球王国の繁栄について学べるゾーンも

足元にイノー（サンゴの礁池）を再現した常設展へのアプローチ

🎵 波の上うみそら公園
なみのうえうみそらこうえん

空港にも繁華街にも近いビーチゾーン

那覇市唯一のビーチで、ダイビングやスノーケリング専用ビーチも備えた複合型海浜公園になっている。国際通りにも近く、街から気軽に海遊びが楽しめるのも魅力。**DATA** ☎098-863-7300 住那覇市若狭3-3-1 ¥無料（一部有料、要問合せ）🕙遊泳期間4〜10月の9〜18時（7・8月は〜19時）休期間中無休 交県庁前駅から徒歩15分 P100台（30分無料、1時間200円）MAP P144B2

☕ 珈琲屋台 ひばり屋
こーひーやたい ひばりや

沖縄の空の下で本格コーヒーを

国際通り屋台村からほど近い場所に店を構える青空カフェ。民家に囲まれた路地裏にあり隠れ家のような雰囲気。メニューは杏仁風味のカフェニコ550円やラズベリー味が楽しめる初恋オレ550円など。こだわりのドリンクと心地いい雰囲気の中でくつろごう。**DATA** ☎090-8355-7883 住那覇市牧志3-9-26 🕙10時30分〜19時 休不定休 交牧志駅から徒歩5分 Pなし MAP P147E2

🍴 国際通り屋台村
こくさいどおりやたいむら

食べ歩きが楽しめる屋台がずらり

炭火焼きや串揚げ、寿司だけでなく、バルやダイナー、スイーツなど多彩な屋台が20軒集合。各屋台で個性が異なるのでハシゴしてみるのも楽しい。また併設する離島マルシェでは、島々の加工品の販売や軽食やスイーツを提供するカフェもある。**DATA** ☎なし 住那覇市牧志3-11-16 🕙12〜24時（店舗により異なる）休無休（店舗により異なる）交牧志駅から徒歩4分 Pなし MAP P147E2

🍧 琉球菓子処 琉宮 サンライズ店
りゅうきゅうかしどころ りゅうぐう さんらいずてん

5色のカラフルかき氷

沖縄の銘菓サーターアンダギー専門店。気軽に沖縄スイーツを楽しんでもらいたいと、マンゴーなど5色のシロップをかけた特製夢色ぜんざい（アイスクリームのせ）750円（写真）などを提供。手作りサーターアンダギー1個130円〜はおみやげに最適。**DATA** ☎098-862-6401 住那覇市牧志3-4-12 🕙10時30分〜17時30分 休無休 交牧志駅から徒歩15分 Pなし MAP P147D4

🍴 LITOR
りったー

新感覚のフルーツバーガー

フルーツにフォーカスした珍しいグルメバーガー専門店。牛100%パティに自家製パイナップルサルサなどを合わせたYELLOW BURGER（フレンチフライ付き）1800円やバリスタが淹れるコーヒーも人気が高い。**DATA** ☎098-943-1583 住那覇市久茂地3-25-20 🕙11〜23時（バーガーは22時LO）休不定休 交県庁前駅から徒歩7分 Pなし MAP P146B2

🌙 沖縄居酒屋 抱瓶 那覇久茂地店
おきなわいざかや だちびん なはくもじてん

古民家で味わう泡盛と沖縄料理

定番の沖縄料理から琉球王朝時代に食されていた宮廷料理まで幅広いメニューを昔ながらの調理法で提供。写真手前は豚ロースに黒ゴマペーストをのせ蒸した宮廷料理のミヌダル660円。**DATA** ☎098-860-1046 住那覇市久茂地2-18-1 🕙17〜24時（フードは23時LO）休不定休 交美栄橋駅から徒歩4分 Pなし MAP P146B1

えいあんどだぶりゅこくさいどおりまつおてん
🍴 A&W国際通り松尾店

アメリカンバーガーを国際通りで味わう

国内では沖縄でのみ展開しているアメリカのハンバーガーチェーンA&W。国際通り入口にあり、ショッピングの合間の休憩や待ち合わせにもぴったり。ザ★A&Wバーガー840円やカーリーフライ(R) 430円、ルートビア(R) 280円など、人気メニューも揃う。**DATA** ☎098-917-5502 ⓗ那覇市松尾1-1-1 ⓛ9時〜22時30分 ⓗ無休 ⓢ県庁前駅から徒歩3分 ⓟなし **MAP**P146B3

ななほししょくどう
🍽 ななほし☆食堂

できたて島豆腐を味わう

料理で使用する島豆腐やゆし豆腐は、店の一角にある工場で毎日手作り。大豆の旨みをダイレクトに味わえる写真のゆし豆腐定食850円ほか、ピリッと香辛料をきかせた島とうふの麻婆丼740円もおすすめ。**DATA** ☎098-917-1747 ⓗ那覇市首里鳥堀町1-45-2 ⓛ11時〜15時30分LO(火・金・土曜は13時〜19時30分LO) ⓗ水・日曜 ⓢ首里駅から徒歩3分 ⓟ3台 **MAP**P157C3

おきなわ こくとうぜんざいせんもんてん ほしのしずく
🍲 沖縄 黒糖ぜんざい専門店 ホシのシズク

彩り鮮やかなぜんざいが人気

2023年9月にオープンした黒糖ぜんざい専門店。大宜味村産のイチゴ「美ら島ベリー」を1杯に15粒分使用した島いちご 黒糖ぜんざい1650円(写真)など、自家製ソースが自慢のぜんざいが楽しめる。**DATA** ☎098-917-5560 ⓗ那覇市松尾2-24-13 ⓛ11〜18時LO ⓗ水曜 ⓢ牧志駅から徒歩13分 ⓟなし **MAP**P147D4

くだかみんげいてん
🛍 久髙民藝店

沖縄とアジアの民芸品がズラリ

焼き物や琉球ガラス、シーサー、琉球漆器など、沖縄県内で活躍する作家の作品を中心に、幅広いアイテムが揃っている。4寸皿1100円〜をはじめ、どれも実用性が高く、普段遣いが楽しくなるものばかり。東南アジアの民芸品も扱っている。**DATA** ☎098-861-6690 ⓗ那覇市牧志2-3-1 ⓛ10〜20時 ⓗ無休 ⓢ牧志駅から徒歩4分 ⓟなし **MAP**P147D2

ふくらしゃ
🛍 ふくら舎

オキナワンクラフトが勢揃い

沖縄クラフトを中心に扱うセレクトショップ。沖縄文化の発信地として活動する桜坂劇場に併設され、琉球ガラスややちむんといった伝統工芸分野などで活躍する50名余りの作家の作品が手に入る。トラッド&モダンな作品は日常で活躍しそうなものばかり。**DATA** ☎098-860-9555 (桜坂劇場) ⓗ那覇市牧志3-6-10 ⓛ9時30分〜20時 ⓗ無休 ⓢ牧志駅から徒歩8分 ⓟなし **MAP**P147D3

うみちゅらら こくさいどおりてん
🛍 うみちゅらら 国際通り店

沖縄美ら海水族館のグッズを国際通りで

沖縄美ら海水族館(→P44)のアンテナショップ。ゆったりとした店内では水族館のオリジナルグッズを現地と同じ価格で購入できる。ちゅらうみサイダーや1000円ハズレなしのジンベエザメぬいぐるみくじが好評。**DATA** ☎098-917-1500 ⓗ那覇市久茂地3-2-22JAドリーム館2階 ⓛ10時〜20時30分 ⓗ無休 ⓢ県庁前駅から徒歩3分 ⓟなし **MAP**P146B3

がんぐろーどわーくす
🛍 玩具ロードワークス

クスリと笑える沖縄雑貨たち

琉球張子作家、豊永盛人さんのショップ。古くから伝わる琉球張子の技法を使ったオリジナルモチーフの作品のほか、ウチナーグチ(方言)を交えた沖縄おもしろカルタ1980円(写真)など豊永さんのセンスあふれるアイテムにも注目したい。**DATA** ☎098-988-1439 ⓗ那覇市牧志3-6-2 ⓛ11〜17時 ⓗ日・水曜 ⓢ牧志駅から徒歩10分 ⓟなし **MAP**P147D3

ふくぎや
🛍 ふくぎや

県産素材が香る国際通りの人気店

黒糖や卵、ハチミツなど沖縄県産の素材を使ったバウムクーヘンはガジュマル(黒糖)、フクギ(蜂蜜)、紅の木(紅芋)の3種類。専用オーブンで毎日焼き上げられ、店頭にて試食することも可能。店頭販売は沖縄のみで、Sサイズ1430円〜。**DATA** ☎098-863-8006 ⓗ那覇市久茂地3-29-67 ⓛ10〜20時 ⓗ無休 ⓢ県庁前駅から徒歩5分 ⓟなし **MAP**P146C3

さーたーあんだーぎーのみせ あむろ
🛍 さーたーあんだーぎーの店 安室

創業30年以上、沖縄伝統菓子の名店

甘さ控えめでしっとりとしたサーターアンダギーは、地元客からの評価も高い逸品。自家養鶏場直送の新鮮な木卵をふんだんに使用し、白糖6個入り680円(写真)のほか、黒糖8個入り730円など、3種類がある。**DATA** ☎098-884-3060 ⓗ那覇市首里平良町1-66 ⓛ9〜17時 ⓗ日曜 ⓢ儀保駅から徒歩7分 ⓟ3台 **MAP**P145F1

 沖縄でセクラフトビールが流行中。国際通り周辺にも専門店が4軒ほど営業しています。

これしよう！
世界遺産の名城
「今帰仁城跡」へ

別名「北山城」とよばれ、
幾重にも連なった見事な
城壁が特徴的。(☞P50)

これしよう！
森の中で
素敵なティータイム

伊豆味エリアには広がる
自然を生かした素敵な森
カフェが点在。(☞P56)

これしよう！
沖縄美ら海水族館で
お魚に会いに♥

水槽の中を優雅に泳ぐジ
ンベエザメやカラフルな熱
帯魚がきれい。(☞P44)

本島北部は
ココにあります！

沖縄美ら海
水族館

沖縄自動車道

本島北部

✈那覇空港

人気スポットが点在する魅惑のシーサイドエリア

本島北部
ほんとうほくぶ

本島北部には
沖縄そばの
名店がずらり

こんなところ

北部エリアの中心地は名護です。西北に突
き出した本部半島には、人気の沖縄美ら海
水族館をはじめ、海洋博公園、世界遺産の
今帰仁 城 跡があります。また、フルーツラ
な　き じんじょうあと
ンドなどのテーマパークも点在します。ビ
ューススポットとしては、古宇利島と屋我地
や　が　じ
島を結ぶ古宇利大橋も見逃せません。

ａｃｃｅｓｓ

●那覇空港から
沖縄美ら海水族館まで
那覇空港から沖縄自動車道許
田IC、国道58号、国道449号
経由で約100km

問合せ
本部町観光協会
☎0980-47-3641
今帰仁村の観光情報は、今帰
仁村観光協会公式HP参照
広域MAP P154～156

～本島北部 はやわかりMAP～

0 5km

1 沖縄美ら海水族館
（☞P44）

2 備瀬のフクギ並木
（☞P50）

3 ピザ喫茶 花人逢
（☞P58）

4 今帰仁城跡
（☞P50）

5 古宇利島
（☞P52）

屋我地大橋で
結ばれた屋我地島
サトウキビ畑の雰囲気がいい。遠浅のビーチ沿いにキャンプ場がある。

辺戸岬
大石林山
茅打バンタ

58

やんばる

道の駅ゆいゆい国頭
オクマビーチ

国頭村
安波のタナガーグムイ植物群落
比地大滝

クイナの森

道の駅やんばる
パイナップルの丘
安波

エメラルドビーチ
海洋博公園

505

今帰仁村

古宇利
ウッパマワルミ
ビーチ
古宇利大橋

大宜味村
六田原展望台

塩屋大橋
宮城島 屋我地湾

58
道の駅
おおぎみ

東村

道の駅サンライズひがし

本部町
いこいの駅
いずみ
八重岳・
桜の森公園
OKINAWA
フルーツらんど

瀬底大橋
瀬底島

449

屋我地島
屋我地大橋
屋我地
ビーチ
奥武島
羽地内海

嵐山
展望台

慶佐次川のマングローブ

本部

名護
21世紀の森公園

名護市役所
名護城跡・
名護中央公園

ネオパークオキナワ

パイナップル
パーク

名護市

幸喜海浜公園
名護湾
部瀬名
海中展望塔
かりゆしビーチ

許田
道の駅
許田

331

329

大浦湾

熱帯魚が泳ぐ
小さな瀬底島
周囲約8kmの島。透明度の高い瀬底ビーチが人気。

瀬良垣
ビーチ

58

宜野座村

沖縄自動車道

沖縄県
県民の森

恩納村

宜野座IC

329

観光のヒント
行事で発生する
大渋滞に注意を
交通量が比較的少ない北部だが、伝統行事の清明祭（4月ごろ）と旧盆（2024年は8月16〜18日）の時期は北部へ移動する車が多く、許田ICが大渋滞に。

太平洋

おすすめコースは
5時間

北部エリアは車で移動するのがおすすめ。空港から沖縄自動車道で許田ICまでは約70kmの道のり。許田ICからは国道58号や県道を走り、沖縄美ら海水族館、今帰仁城跡と本部半島を回ろう。

スタート		**1**		**2**		**3**		**4**		**5**		ゴール
		見学		見学		食べる		見学		見学		
許田IC	車で50分	沖縄美ら海水族館	車で5分	備瀬のフクギ並木	車で15分	ピザ喫茶 花人逢	車で10分	今帰仁城跡	車で30分	古宇利島	車で40分	許田IC

まるで海の中にいるみたい！ 沖縄美ら海水族館をご案内

ジンベエザメやマンタが泳ぐ大水槽などスケールの大きな水族館です。
館外ではイルカショーも開催されるなど、みどころいっぱいです。

本部町

こくえいおきなわきねんこうえん（かいようはくこうえん）・
おきなわちゅらうみすいぞくかん

国営沖縄記念公園（海洋博公園）・ 沖縄美ら海水族館

世界一や世界初を複数持つ日本屈指の水族館

浅瀬から水深700m付近の深海まで、沖縄の近海を
再現した水族館。水槽は大小75もあり、「黒潮の海」
では全長8.8mにもなるジンベエザメのジンタが悠々と
泳いでいる。館外ではイルカショーが楽しめ、時間をか
けてたっぷりと楽しみたい。

☎0980-48-3748 ⬢本部町石川424（国営沖縄記念公園・
海洋博公園内）¥2180円 ⬤通常期8時30分～18時30分（最
終入館17時30分）※延長期間の営業時間はHP参照 ⬢HPを
参照 ⬢許田ICから車で約50分 ⬢約1900台 MAP P154A2

役に立つ

沖縄美ら海水族館インフォメーション

Q アクセスは？

A ・車の場合
那覇空港から約2時間
沖縄自動車道許田ICから
約50分

・路線バスの場合
那覇空港から系統117
高速バスで2880円。沖
縄エアポートシャトル、や
んばる急行バスで2000
円。所要2時間～2時間
20分

Q 再入館はできる？

A 当日に限りチケットの提
示で再入館が何度でも可
能。

Q 混雑する時間帯は？

A 館内が最も混雑する時間
帯は10～15時ごろと
17時前後。それ以降の
夕方や開館直後なら比較
的空いています。

〔 人気ナンバー1 〕

世界最大級の水槽
黒潮の海
深さ10m、幅35m、奥行き27mを誇る巨大な水槽。ジンベエザメやナンヨウマンタ、回遊魚たちが悠然と泳ぐ姿は圧巻の一言に尽きる

入口のモニュメントの大きさに期待も高まる

マナティー館は水族館外にある

さらに楽しむコツ教えます

〔 コツ1 〕 **朝イチ水族館のススメ**

開館時間の8時30分直後はまだ訪れる人も少なく、ゆったりと水槽を眺められます。また、開館直後は水槽の水が最も美しい時間帯。特に「黒潮の海」は水が澄み渡り、より魚たちがはっきりと眺められます。

〔 コツ2 〕 **「海洋博公園×沖縄美ら海水族館公式アプリ」のススメ**

館内情報や混雑状況の他、来館中アプリの案内モード機能をオンにすると各水槽の紹介を自動で表示。さらにアプリ内の「かざすAI図鑑」を起動し端末を生物に向けると、生き物の名前と解説が表示される。

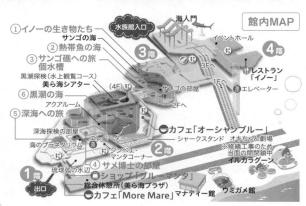

館内MAP

水族館入口 海人門 イベントホール

① イノーの生き物たち
サンゴの海
② 熱帯魚の海
③ サンゴ礁への旅
個水槽
黒潮探検(水上観覧コース)
美ら海シアター
(4F)
⑥ 黒潮の海
アクアルーム
⑤ 深海への旅
深海探検の部屋
海のプラネタリウム
琉球弧の水辺
④ サメ博士の部屋

3階
3F
1F
4階
レストラン「イノー」
エレベーター
サンゴの部屋
2Fへ

カフェ「オーシャンブルー」
シャークスタンド オキちゃん劇場
ジンベエ・マンタコーナー
2階
ショップ「ブルーマンタ」
イルカラグーン
※修繕工事のため当面の間閉鎖中

1階
出口
総合休憩所(美ら海プラザ)
カフェ「More Mare」 マナティー館
ウミガメ館

まるで海の中にいるみたい！
沖縄美ら海水族館をご案内

館内は浅瀬から徐々に深海へ潜っていく順に展示。
どの生き物たちも個性的なのでぜひじっくり観察したい。

アオヒトデ
輻長約10cm
沖縄の海を映したかのような鮮やかなブルーのボディーが際立つ

ニセクロナマコ
体長20〜30cm
体はやや細長く体表には細かい円錐形の突起が散在している

マンジュウヒトデ
輻長約10cm
厚みのあるずんぐりとした形状が名前の由来。幼い個体は星型で成長すると球体に近づく

① イノーの生き物たち

浅瀬の生き物を間近で観察しよう

サンゴ礁に囲まれた「イノー」と呼ばれる浅瀬を再現した水槽でヒトデやナマコなど砂地をすみかとする生き物を間近で観察できる。強力なハサミをもつヤシガニや国指定天然記念物のオカヤドカリも展示。

② 熱帯魚の海

カラフルな魚がいっぱい！

約180種の生き物を展示。同じ水槽を6面から観察でき砂地や薄暗い洞窟など、見る方向によって違う表情が楽しめる。給餌の時間には魚が活発に泳ぎ回りより賑やかな雰囲気に。

`プログラム`

[給餌] 13時、15時30分

メガネモチノウオ 全長2mになることも
ベラの仲間で額にコブがあることからナポレオンフィッシュともよばれている

ツノダシ
全長約10cm
突き出した口と長くのびた背ビレが特徴。黒と白と黄色の縞模様も目立つ

カクレクマノミ
全長約8cm
イソギンチャクと共生。背中にありオレンジ色の体色に白い帯状の模様が目印

チンアナゴ
全長約40cm
顔つきがイヌのチンに似ていることが和名の由来。群れをなして生息している

クロウミウマ
全長約15cm
タツノオトシゴの仲間。尾部を海藻などに絡ませて垂直に立つなどユニークな姿

editor's voice
なんとも言えないコミカルな姿でチンアナゴと共に人気者

ナンヨウハギ
全長約25cm
コバルトブルーの体色と尾ビレの黄色が美しい。尾ビレの付け根にトゲを持つ

ニシキアナゴ
全長約38cm
砂地に穴を掘って生息し頭部をニョロリと出している姿がとてもキュート

③ サンゴ礁への旅 個水槽

生き物をじっくり観察できる

サンゴ礁に生息する生き物を大小30の水槽で個別展示。大きな水槽ではチンアナゴやイセエビを集めた水槽が人気。ミニ水槽ではあまりお目にかかれない生き物を展示している。

④ サメ博士の部屋

サメに関する展示物がいっぱい

怖いと思われがちなサメの生態を模型や標本、実物を通してわかりやすく展示。水槽には6種類のサメが泳ぎ、サメの歯のレプリカが手に入る沖縄美ら海水族館限定のガチャガチャ（1回500円）がある。

editor's voice
鋭い眼光と堂々と水中を泳ぐ姿に惚れ惚れします

ヤジブカ
全長約2.5m
暖かい沿岸海域に生息。メジロザメの一種で第1背ビレが高く大きいのが特徴

クロトガリザメ
全長約2.5m
熱帯、亜熱帯海域に生息。背ビレが小さめで先端が丸みを帯びている

ツマジロ
全長約3m
メジロザメの仲間。希少度が高く日本で展示しているのはここだけ

editor's voice
お目目がぱっちりしていてかわいい!!

ミナミクルマダイ 全長約30cm
水深100〜200m付近の岩礁域に生息。巨大な目と紅白の模様がインパクト大

ヒシダイ 全長約20cm
水深200〜400m付近の海底域に生息。名前の由来はひし形の体形から

⑤ 深海への旅

神秘的な深海の世界に興味津々

まだまだ解明されていない水深200m以深の深海の世界を再現。約130種の深海生物を展示していて「深層の海」水槽や発光生物を集めた「海のプラネタリウム」など、興味深い展示がいっぱい。

ノコギリザメ 全長約1.6m
長く突き出したノコギリ状の吻が特徴。沖縄美ら海水族館では繁殖に成功した

生き物の展示は、体調などの理由により予告なく変更になる場合があります。

まるで海の中にいるみたい！
沖縄美ら海水族館をご案内

沖縄美ら海水族館のメイン水槽、巨大な「黒潮の海」に感動！
館外のイルカショーも見逃せません。

⑥ 黒潮の海

これが見たかった！

容量7500㎥の巨大水槽で約70種の生き物を展示。なかでもジンベエザメやナンヨウマンタなどの大きな魚が泳ぐ姿は圧巻だ。

[プログラム]

巨大な体を起こし、立ち泳ぎの姿勢でエサを食べるジンベエザメのダイナミックな食事シーンは圧巻。ぜひ見てみたい。

[給餌]
9時30分（ナンヨウマンタ）、15時、17時（ジンベエザメ）

かふぇ「おーしゃんぶるー」
カフェ「オーシャンブルー」

「黒潮の海」を眺めながらカフェ時間

「黒潮の海」に隣接するカフェ「オーシャンブルー」では軽食やドリンク、デザートが楽しめる。特に水槽際の席が人気（指定席40分500円）で目の前を魚たちが横ぎる瞬間は迫力満点！

⊙営業時間の詳細はHP参照

美ら海カレー1800円（ソフトドリンク付）

「黒潮の海」を別アングルからウォッチ

黒潮探検
「黒潮の海」を真上から観覧。観覧時間8時30分～11時（入場締切は10時45分）、17時30分～閉館まで（入場締切は閉館の15分前）

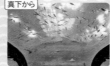
アクアルーム
「黒潮の海」の一角にある半ドーム状のエリア。頭上を泳ぐ魚たちを下から眺められ、海の中にいるかのようだ。

美ら海シアター
観覧窓から水槽の中層部付近をウォッチ。イスに座って映画を見る感覚で「黒潮の海」の光景を楽しもう。

シャークスタンド
「黒潮の海」の正面奥上段にあり、大水槽を真正面から眺められるベストシート。56席あって撮影ポイントにもなっている。

水族館周辺施設も みどころたっぷり！

水族館出口から徒歩5分以内の場所には、
マナティー館やウミガメ館など無料で観覧できる施設が点在。
なかでもイルカショーは大人気！

イルカショー

元気なイルカショーに興奮！

ショー歴40年を超えるミナミバンドウイルカのオキちゃんなど、イルカたちが楽しいショーを繰り広げる。ジャンプやポーズ、フープなど、多彩な技に思わず拍手喝采！オキちゃん劇場は修繕のため当面の間閉鎖。イルカショーはイルカラグーンで開催中。

プログラム時間

[イルカショー（各回約15分）]
※観覧無料
10時30分、11時30分、
13時、15時、17時
詳細はHP参照

総合休憩所（美ら海プラザ）

水族館出口と直結した休憩施設で、ホホジロザメの液浸標本など展示物も豊富。ショップ「ブルーマンタ」やカフェ「More Mare」もここにある。

ウミガメ館

タイマイやアオウミガメなど5種類のウミガメを展示。地下の階ではウミガメの生態をパネルで紹介。「ウミガメ給餌体験」も実施している。

プログラム

[ウミガメ給餌体験（定員有）]
🕐11時、14時 ¥500円
（1セット）

マナティー館

絶滅危惧種のアメリカマナティーを飼育。そのスローな動きに癒やされる人続出。2021年6月にオスのマナティーが誕生。その時の映像も見ることができる。

イルカラグーン

イルカをプールサイドから眺めることができる。「イルカ給餌体験」も行っている。

プログラム

[イルカ給餌体験（定員有）]
🕐10時、11時、12時、13時30分、15時30分（各回売り切れ次第終了）¥500円（1セット）

各プログラムの参加条件やチケット販売時間などの詳細情報はお出かけ前に公式HPでご確認下さい。

緑の備瀬フクギ並木と青の古宇利島、本部半島の爽快ドライブ

所要時間
5時間

START!
許田
IC

緑が美しい備瀬のフクギ並木に、世界遺産の今帰仁城跡。
そして海上を渡る古宇利大橋など本部半島は感動的です。

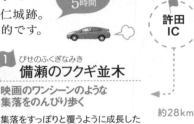

1 びせのふくぎなみき 備瀬のフクギ並木

約28km

映画のワンシーンのような集落をのんびり歩く

集落をすっぽりと覆うように成長した
フクギ並木。これだけ大規模な並木
を形成しているのは沖縄本島でも備
瀬集落だけ。緑のトンネルを散策し
ながら、ノスタルジックな沖縄の原風
景を肌で感じたい。

☎0980-47-2700(本部町企画商工観光
課) 🏠本部町備瀬 🕐見学自由 🚗許田ICか
ら車で1時間 🅿近隣の有料駐車場利用
MAP P154A1

◀水牛車のスローペー
スがなんとも心地よい

約6km

2 なきじんじょうあと 今帰仁城跡

世界遺産

P54の
ふむふむコラムで
もっと詳しく

北部一帯を治めた北山王の居城跡

琉球王国成立(1429年)以前に存在
した北山の拠点。幾重にも郭が設けら
れ、最上部の主郭には正殿の礎石が残
されている。カンヒザクラの名所でもあ
り、1月下旬には桜まつりが開催される。

☎0980-56-4400 🏠今帰仁村今
泊5101 ¥600円 🕐8〜19時(9〜
4月は〜18時) 休無休 🚗許田ICから
車で1時間 🅿320台 MAP P154B2

1城郭内からの眺め。波打つ城壁とその向
こうに広がる青い海が印象深い 2火の神
を祭る祠。聖域として大切にされ、現在でも
信仰の対象になっている

▲本部半島と屋我地島を結ぶ

3 わるみおおはし
ワルミ大橋

全長315m、短いけれど便利

開通以降、今帰仁城跡と古宇利大橋のアクセスに貢献。大幅な時間短縮が実現した。たもとにある東屋から、古宇利大橋が一望できる。

☎なし ⓐ今帰仁村天底 ⓑ通行自由 ⓒ許田ICから車で50分 ⓟ5台 MAP P154C2

約1km

約10km

約3km

1橋の下にはビーチが広がる 2島北部の海岸にあるハート岩は人気のスポット

---

4 からん かふぇあんどざっか
CALiN cafe&zakka

古民家で楽しむヘルシースイーツ

築40年以上の古民家をリノベーションし、レトロで落ち着いた雰囲気のカフェ。やちむんや木材を使ったブローチなどの雑貨も扱う。メニューは島豆腐のおからを使ったドーナツ220円ほか、島野菜のグリーンカレー1200円などもある。

☎0980-52-8200 ⓐ名護市運天原522 ⓑ11時〜15時30分LO ⓒ月曜 ⓓ許田ICから車で50分 ⓟ8台 MAP P154C2

▲自家製ドーナツやバニラアイスなどをのせたドーナツパフェ680円

---

5 こうりおおはし
古宇利大橋

この爽快感がたまりません。沖縄有数のドライブルート

屋我地島と古宇利島を結ぶ約2kmの橋。島へ向けて、海上をまっすぐにのびる感動必至の美しさ。渡った先の古宇利島はカフェやレストランが多く人気のスポット。**DATA** ▶P52参照

約21km

GOAL!
🚩 許田 IC

❶備瀬のフクギ並木
備瀬崎
沖縄美ら海水族館
瀬底大橋
本部港
八重岳
❷今帰仁城跡
CALiN cafe&zakka ❹
屋我地島
古宇利島
古宇利大橋 ❺
ワルミ大橋 ❸
名護市役所
名護湾
羽地ダム
名護城跡
東シナ海
許田IC
道の駅許田
沖縄自動車道
5km

📖 古宇利島の南東部には、海抜82mの古宇利オーシャンタワー（→P53）があり、ビュースポットとして大人気。

恋スポットやカフェがいっぱい！
古宇利島を時計まわりにぐるり

沖縄版アダムとイヴ伝説が残る古宇利島は恋の島!!
恋スポットやカフェをのんびり巡っても3時間ほどでまわれます。

1 透明度の高い海とサンゴが砕けた白砂のビーチが広がる
2 引き潮時間にはハートロックの周囲に小魚の姿も見られる（遊泳禁止）

こうりおおはし
古宇利大橋

青い海の上を走り抜ける

周囲に美しい海が広がる沖縄本島最長2kmの橋で、古宇利島へのエントランスロード。

DATA ☎なし 🏠今帰仁村古宇利 🕐見学自由 🚗許田ICから車で35分 🅿古宇利ふれあい広場利用
MAP P155D2

沖縄版アダムとイヴ
の伝説って？

空から降りてきた男女2人の子どもが古宇利島の浜で生活するようになりこの2人の子孫が琉球人の祖先とする伝説。そのため、古くから古宇利島は恋島（くいじま）と呼ばれている。

SPOT 1
こうりじまのえき そらはし
古宇利島の駅
ソラハシ

本島北部のグルメ＆みやげが集結

本島北部の特産品を扱う物産店をはじめ、沖縄そばや県産フルーツを使ったスイーツも評判。無料の音楽ライブを毎日開催している。（17時30分、19時スタート）。

DATA ☎0980-56-2128 🏠今帰仁村古宇利323-1 🕐9時〜20時30分（レストランは20時LO、みやげ店は〜19時）🈁無休 🚗許田ICから車で40分 🅿130台 **MAP** P155D2

旬のフルーツや野菜が充実

今帰仁すいかのスムージー850円

SPOT 2
ちぐぬはま
チグヌ浜

伝説の舞台となった浜

古宇利大橋のたもとから800mほどの場所にあり、目の前にある「始まりの洞窟」に伝説の男女が暮らしたと伝わる。浜の脇にある岩の上には火の神が降りたという石碑も。

DATA ☎なし 🏠今帰仁村古宇利 🕐見学自由 🚗許田ICから車で45分 🅿周辺可
MAP P155D2

透明度の高い海が広がる、始まりの洞窟

SPOT 3 はーとろっく ハートロック

"恋の島"のシンボル的存在!

島の北側にあるティーヌ浜にあり、航空会社のCMに起用され一気に人気スポットに。自然が作り出したハート型の岩は、恋にまつわる伝説と相まって島一番のみどころ。

DATA ☎なし 住今帰仁村古宇利 時見学自由 交許田ICから車で55分 P近隣有料駐車場利用 **MAP** P155D1

逆ハート

▲2つの岩を重ねてみると逆ハートが出現!

◀波の力で削られハートの形になったという

SPOT 5 こうりおーしゃんたわー 古宇利オーシャンタワー

全天候型のランドマークで絶景&グルメを!

海抜82mの場所に立つタワーから古宇利大橋やその周辺の海域を一望できる。最上階の展望台はもちろん、建物入口から運んでくれる自動カートやレストランからの眺望も抜群。**DATA** ☎0980-56-1616 住今帰仁村古宇利538 ¥入館1000円 時10～18時(最終受付17時30分)休無休 交許田ICから車で45分 P200台 **MAP** P155D2 ※最新の営業時間などはHP参照

タワーまでは景色を眺めながらカートでご案内

1万点以上の珍しい貝殻を集めたシェルミュージアム

カフェ Ocean Blueのタワードリンクが大人気

SPOT 4 とけいはま トケイ浜

ユーモラスな奇岩に注目!

ティーヌ浜に隣接する浜。ポットホールと呼ばれる穴のあいた岩が点在する独特な景観が一番のみどころ。円形状の穴については諸説あるが、水流によって空いたものと考えられている。

DATA ☎なし 住今帰仁村古宇利 時見学自由 交許田ICから車で55分 P周辺可 **MAP** P155D1

ホールが目印

ぽっかりと空いた穴が特徴のポットホール

SPOT 6 こうり しゅりんぷ KOURI SHRIMP

ハワイアングルメをキッチンワゴンで

ハワイ・ノースショアのB級グルメ、ガーリックシュリンプの専門店。オリジナルスパイスをきかせたエビは食欲をそそるスパイシーな味わいで、プリプリの食感もたまらない!

DATA ☎0980-56-1242 住今帰仁村古宇利314 時11～18時 休無休 交許田ICから車で45分 P20台 **MAP** P155D2

ガーリック風味にバターとレモンソースがマッチ。オリジナルガーリックシュリンプ1300円

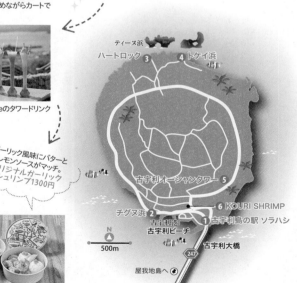

ティーヌ浜
ハートロック 3
4 トケイ浜
古宇利オーシャンタワー 5
チグヌ浜 2
6 KOURI SHRIMP
古宇利港
古宇利ビーチ 1 古宇利島の駅 ソラハシ
古宇利大橋
N
500m
屋我地島へ
247

世界遺産の城（グスク）って どういうものかお勉強

「琉球王国のグスク及び関連遺産群」として世界文化遺産に登録された9カ所の史跡。うち5カ所が今帰仁城跡などのグスクです。この聞き慣れないグスクについて調べてみましょう。

グスクの歴史を紐解いてみましょう

城郭や城壁だけでなく、聖域としての性質をもつグスク。
成立年代や築城背景などを知れば、もっとグスクに興味が湧いてくるはずです。

2000年、首里城などが世界遺産に登録されたことで、より注目を集めることとなったグスク。グスクは、南西諸島各地域に点在する城のことで、その数は300〜400カ所とされる。出現時期は12世紀ころ。その成立については諸説あるが、当初は城としての機能をもたず、集落などの聖域を石積みなどで囲んだものがグスクの始まりと考えられている。以降、各集落に按司（あじ）とよばれる

有力者が現れ、近隣の按司達と領地争いを繰り返すうち、グスクが要塞化。徐々に城としての体を成してきたという。14世紀、沖縄本島は、北山、中山、南山の3国に集約される。今帰仁城は北山王の居城だったが、1416年に首里城を拠点とする中山により滅ぼされた。中山は1429年に南山を滅ぼし、沖縄を統一。琉球王国が成立した。以後、首里城を中心に沖縄がまとめられていった。

今帰仁城跡からグスクを探る

城壁・石積み
スケールの大きな城壁が多く、その石積みには、野面積み（写真右）やあいかた積み、布積みなどが用いられている

建物跡
首里城以外、建物は復元されてないが、その痕跡が見て取れるグスクもある。今帰仁城の主郭では礎石が現存

城郭
要塞化されたグスクでは、郭を複数もっている。最も高い場所にある郭がグスクの中心部であることが多い

城門
石造門が多く、特にアーチ門は造営技術の高さを伺わせる。今帰仁城平郎門は一枚岩を載せた特徴的な門である

聖域
大部分のグスクには聖域があり、現在でも信仰の対象になっている。写真は火神を祭る祠で、参詣者が絶えない

そのほかの世界遺産のグスク 世界遺産

今帰仁城跡以外の4グスクを紹介します。
首里城跡以外は本島中部に集中しています。

このグスクの特徴
・県内最古のアーチ門
・県内一の曲線美

このグスクの特徴
・丘そのものがグスクになっている
・最上部からの眺めがすばらしい

読谷村
ざきみじょうあと
座喜味城跡
連郭式のグスクで、創建は15世紀初頭。アーチ門は必見。
☎098-958-3141（世界遺産座喜味城跡ユンタンザミュージアム）住読谷村座喜味708-6 ¥無料 時見学自由 交沖縄南ICから車で40分 P52台
MAP P150A3

なきじんじょうあと
今帰仁城跡
（☞P50）

うるま市
かつれんじょうあと
勝連城跡
標高約100mの丘を利用し、そびえるような城壁が見事。15世紀に栄華を極めた。
☎098-978-2033（あまわりパーク歴史文化施設）住うるま市勝連南風原3908 ¥600円 時9時～17時30分 最終入場 休無休 交沖縄北ICから車で20分 P100台 MAP P149E1

首里
しゅりじょうこうえん
首里城公園（☞P34）
王城としての地位を築き、グスクの中のグスクと称される。正殿の復元が2026年に予定されている。

このグスクの特徴
・最も規模が大きいグスクの一つ
・首里城公園として管理されている

中城村・北中城村
なかぐすくじょうあと
中城城跡
標高150～170mの丘陵上にあり、6つの郭からなる。築城技術の高さも見事。
☎098-935-5719 住中城村泊1258（事務局は北中城村大城503）¥400円 時8時30分～16時30分最終入場（5～9月は18時最終入場）休無休 交北中城ICから車で10分 P50台 MAP P149D2

このグスクの特徴
・往時の遺構が多く残存している
・3種類の石積みを見ることができる

グスク以外の世界遺産 世界遺産

御嶽とよばれる聖地や庭園、陵墓など4カ所。
いずれも琉球王国との関わりが深い史跡です。

首里
そのひゃんうたきいしもん
園比屋武御嶽石門
（☞P34）
創建は1519年。守礼門後方にある琉球石灰岩でできた小さな門で、背後の聖地を拝礼するための役割をもつ。国王が城外へ外出の際は、ここで無事を祈願したという。

首里
たまうどぅん
玉陵（☞P37）
1501年尚真王により造営された王家の陵墓。東室、西室があり、国王とその家族の遺骨が約70基以上納められている。敷地内には、1501年に建立された「たまおどんのひもん」が現存している。

那覇
しきなえん
識名園　MAP P145F3
1799年造営の回遊式庭園で、王家の保養などに使用された。
☎098-855-5936 住那覇市真地421-7 ¥400円 時9～18時（10～3月は～17時30分）休水曜（祝日の場合は翌日）交那覇ICから車で8分 P62台

南城市
せーふぁうたき
斎場御嶽（☞P85）
琉球開闢神話ゆかりの地であり、沖縄最高位の聖地として現在も崇敬を集めている。御嶽内にはいくつかの神域があり、特に自然岩のトンネルが神秘的な三庫理が有名。かつては男子禁制だったという。

亜熱帯の木々に囲まれた森カフェで癒やしのひととき

本部半島のほぼ中央、亜熱帯植物の中に点在する森カフェは人気のヒーリングスポットです。特等席でしばしリラックスタイムを。

ここが
✦特等席✦
です

南国ミカンが
手の届く所に

❶築40年以上。趣きを感じる ❷薄いお好み焼きのようなヒラヤーチー600円と柑橘類の実や薄皮も使用したウルトラミカン生ジュース600円 ❸敷地内は自然がいっぱい。シークヮーサーなど、季節によってさまざまな果実が実る

本部町
やちむんきっさしーさーえん
やちむん喫茶シーサー園

八重岳山麓の深い森を背景にシーサーたちが屋根に遊ぶ

創業約30年、八重岳山麓に点在する森カフェの先駆け的な店。たくさんのシーサーが鎮座する屋根瓦と深い森が一望できる、2階縁側席が人気。2卓のみのため、席は埋まっていることが多いが、午前中なら比較的空いているという。敷地内には遊歩道や離れもあり、散策するのも◎。

☎0980-47-2160 🏠本部町伊豆味1439 🕐11時〜16時30分 休火曜 🚗許田ICから車で30分 🅿20台
MAP P154B3

県道84号から手作り
看板を頼りに進もう

沖縄風のクレープ
ちんびん600円

屋根の上にはシーサーが**40体**も!

様々な表情や姿のシーサーが屋根上に。店主の宮城さん曰く「これからも増え続けるでしょう」

本部にある
森カフェの周辺は
サクラの名所

森カフェが点在する**八重岳**山麓はカンヒザクラの名所で、例年1月下旬～2月上旬に満開を迎えます。1月下旬には、"もとぶ八重岳桜まつり"が開催されます。☎0980-47-2700（本部町役場企画商工観光課）**MAP**P154B3

本部町
のうげいちゃや しきのあや
農芸茶屋 四季の彩

赤瓦や漆喰を取り入れた
店主手作りの店内でひと息

開放感にあふれた空間に吹き抜ける風が心地いい。自家栽培の野菜を使った四季の彩セット1500円などヘルシーな料理を楽しめる。店内にはシーサー作家でもあるオーナーの作品が配され目を楽しませてくれる。

☎0980-47-5882 **住**本部町伊豆味371-1 **⏰**11～15時 **休**月・火曜 **交**許田ICから車で30分 **P**15台 **MAP**P154B3

❶みかん農家でもある店主が営む ❷シフォンケーキセット1000円。季節のフルーツと手作りアイス付きで、ドリンクも選べる

ここが
✦特等席✦
です

緑豊かな八重岳を一望するカウンター席

ここが
✦特等席✦
です

ヒカゲヘゴなど亜熱帯植物が木陰を作り夏場でも涼しい

❶落ち着いた雰囲気の店構え ❷スパイスをきかせたオリジナルナンカレー（サラダ付き）1650円。メニューはほかにベイクドチーズケーキ550円など

本部町
かふぇ いちゃら
cafe ichara

南国の緑に満ちた空間で
ゆったりと過ごす贅沢

県道84号から小道を下りきった場所にある隠れ家のような店。ウッドデッキは森の中の舞台を思わせる広々とした造りでくつろげる。

☎0980-47-6372 **住**本部町伊豆味2416-1 **⏰**11時30分～15時15分LO **休**火・水曜 **交**許田ICから車で30分 **P**9台 **MAP**P154B3

本部町
かふぇ はこにわ
cafe ハコニワ

古民家をオシャレにリノベーション
かわいいカフェに変身

森の中にあるナチュラルモダンな隠れ家カフェ。沖縄の古民家の特徴を生かした内装とアンティーク家具が見事にマッチ。レトロかわいい雰囲気は地元女子にも人気が高い。

☎0980-47-6717 **住**本部町伊豆味2566 **⏰**11時30分～15時30分LO **休**水・木曜 **交**許田ICから車で25分 **P**10台 **MAP**P154B3

❶本日のハコニワプレート1100円（ドリンク付き）。地元食材を使った日替わり料理は野菜たっぷり！ ❷店主自ら古民家を改装。昔ながらの雰囲気も残る

ここが
✦特等席✦
です

格子窓がおしゃれな縁側席。緑豊かな庭を眺めながらひと休み

📖 森カフェのある本部町伊豆味は、1月のサクラ、6月のアジサイ、秋～春はミカンの収穫体験など、沖縄では珍しく四季が感じられるエリアです。

眺めや老舗の味がお目当て
魅力溢れる本部町の人気店へ

本部町には眺めがすばらしいカフェや古くから営業する
沖縄そば店など、名店が揃います。ぜひ行ってみて！

◆景色もすてき
庭の向こうには、青い海と
伊江島などの島々が一望
できるパノラマビューが

▲母屋の縁側席
が特等席だ

本部町

ぴざきっさ かじんほう
ピザ喫茶 花人逢

赤瓦と青い海が出合う
ロケーションの良さも魅力

細い山道を上った小高い丘の上にあ
る。赤瓦の母屋と、よく手入れされたガー
デン、そしてその向こうに広がる東シ
ナ海という、絶好のロケーション。母屋
内は中古家具を配し、ノスタルジックな
雰囲気が漂う。ガーデンのテラス席で
は開放感を満喫できる。本部町産のア
セロラを使用したアセロラ生ジュース
600円などでのんびり過ごしたい。

☎0980-47-5537 住本部町山里1153-2
⏰11時30分～18時30分LO 休火・水曜 交許
田ICから車で1時間 P40台 MAP P154A2

このメニューも

マンゴーの森 600円
冷凍したマンゴーにマンゴーソー
スをかけた濃厚シャーベット

ピザ(中)2700円
やんばるの湧水を使
い生地を練り上げる。
もっちりとした食感だ

🕐 比較的空いてる時間は？
15時以降、徐々に空いてくる。人気の縁側席
はオープン直後が狙い目

🪑 一番人気の席は？
母屋を囲むような縁側席。特に中庭側の3卓
は、海が眺められるため、競争率が高い

県道84号は人呼んで"そば街道"

本部半島を縦走する県道84号。その沿道と周辺には沖縄そば店が10軒以上営業し、**そば街道**とよばれています。人気の**きしもと食堂本店**や**山原そば**も、この街道沿いにあります。

MAP P154B3

沖縄そば(大)930円
弾力ある自家製手打ち麺がやみつきに。三枚肉とロース肉、かまぼこがのる

> このメニューも

ジューシー 350円
そばだしを使った五目炊き込みご飯。1日限定100食

🕐 比較的空いてる時間は？
待たずに入るなら15時以降。ジューシーは早々に売り切れるのでお早めに

`本部町`
きしもとしょくどうほんてん
きしもと食堂本店

明治時代から続く伝統の一杯
イジュの木を燃やしてできた灰の上澄み汁を使った手打ち麺など、創業時の製法を100年以上守り続ける。スープは、国産のカツオをたっぷり使用。カツオの濃厚な風味が生きており、地元の人にも人気。

☎0980-47-2887
🏠本部町渡久地5 🕐11～17時(売り切れ次第終了) 休水曜 交許田ICから車で50分 P7台
MAP P154A2

創業はなんと明治38年(1905)という老舗

氷ぜんざい350円
金時豆を大鍋で茹でること約10時間。やさしい甘さが口の中に

> ここにも注目

20人前の食券？
有名店なので小さな店でも団体客も訪れる。この食券は団体客用の食券なのだ

🕐 比較的空いてる時間は？
オープン直後が狙い目。また、冬期など寒い日は比較的空いていることもある

`本部町`
あらかきぜんざいや
新垣ぜんざい屋

沖縄ぜんざい一筋約60年
甘い金時豆の上にたっぷりの氷をのせた、沖縄ぜんざい専門店。冷たいぜんざいを楽しんでもらいたい、と冷房機器がないのもこの店ならでは。テイクアウトする常連客も多い。

☎0980-47-4731 🏠本部町渡久地11-2 🕐12～18時(売り切れ次第終了) 休月曜(祝日の場合は翌日) 交許田ICから車で50分 P6台
MAP P154A2

近接するきしもと食堂本店とセットで訪れたい

ソーキそば950円
ソーキは、そばにのせる直前に甘辛いタレに絡め、味付けをするこだわり

> このメニューも

三枚肉そば 850円
よく煮込んだ三枚肉をタレで味付け。肉の脂と調和がとれている

🕐 比較的空いてる時間は？
14時以降は空くが、そばが売り切れてしまっている場合が多い

`本部町`
やんばるそば
山原そば

開店前から行列ができる有名店
店主が惚れこんだという麺に合わせて作られるスープは、豚をベースにカツオをブレンドしたこってり風味。しっかりとした味わいに、具材の甘辛タレが絡み、最後までおいしく食べられるよう仕上げている。

☎0980-47-4552
🏠本部町伊豆味70-1 🕐11～15時(売り切れ次第終了) 休月・火曜 交許田ICから車で30分 P20台
MAP P154B3

風情ある古民家を店舗として利用

📖 新垣ぜんざい屋の前にある本部町営市場。カフェや雑貨店が続々オープンしており、要チェックです。

やんばるのマングローブを
カヌーで探険してみましょう

南国の川岸で見られるモコモコとした植物群がマングローブです。
カヌーに乗って少しアクティブに観察するのもいいですね。

げさしがわのひるぎりん
慶佐次川のヒルギ林

川岸を覆う本島最大規模の
マングローブ

東村を流れる慶佐次川の下流域には、本島最大規模のマングローブが広がっている。オヒルギやメヒルギなど、3種類のヒルギからなり、干潟には小さな生き物が生息。カヌーツアーに参加して自然の営みをじっくりと観察したい。

☎0980-51-2433 🏠東村慶佐次 🕐見学自由
🚗許田ICから車で45分 🅿30台 🗺️P156A4

マングローブって？

1. 淡水と海水が混じり合った汽水域に育つ、ヒルギなどの植物群の総称

2. 亜熱帯・熱帯地域に見られ、種子が川や海を漂流する

3. 慶佐次川のマングローブは、国の天然記念物に指定されている

カヌーツアースタート

こんな格好で
参加しよう

動きやすく、濡れてもいい服装で参加しよう。履物はビーチサンダル等を用意して着替えも忘れずに。夏期は熱中症予防のため、帽子やサングラスを必ず持参しよう。

これで
バッチリ！

8時30分集合の場合
マングローブツアー

🕐

❶ 8:30 ➡
ショップに集合
ショップに到着後、検温など感染症対策の後受付を。その後着替えや飲み物などの準備を

❷ 9:00 ➡
ツアー開始
カヌーの操作方法を練習した後、川岸に停泊中のカヌーに乗船。実践練習を積んでから、上流へ向けて漕ぎ進む

❸ 9:40 ➡
**マングローブの
エリアへ到着**
100mほど川を遡り、慶佐次大橋をくぐるとマングローブの緑が目の前に！

やんばる動植物見つけました

慶佐次川で見つけやすい動植物を紹介します。ヤエヤマヒルギはここが北限です。干潮時には、片側のハサミが大きく発達したシオマネキ、干潟を跳ねるように行動するミナミトビハゼが愛嬌を振りまいています。

ヤエヤマヒルギ

シオマネキ

ミナミトビハゼ

カヌーツアーMAP

歩きでも見学できます

慶佐次川下流域に整備された「東村ふれあいヒルギ公園」。マングローブに囲まれた木道があり、散策しながらヒルギの群落を見ることができる。
MAP P156A4

東村
やんばるしぜんじゅく
やんばる自然塾

慶佐次川マングローブカヌーをいち早く始めた先駆的存在。地域に詳しいガイドが、周囲の自然や歴史、風習などを交えねで案内してくれる。カヌー以外にも、東村の自然を満喫できるプログラムを用意。
☎0980-43-2571 慶東村慶佐次82 ⏰8〜18時（受付）休無休 交許田ICから車で45分 P15台 **MAP** P156A4

このツアーに参加しました

慶佐次川マングローブカヌーツアー

● 料金:7000円
● 所要時間:約3時間
● 催行条件:満潮時間により異なる
（集合時間はツアー開始の30分前までに）
● 予約:前日までに
● 1人参加:可
※ツアー中の写真データをプレゼント

④ 10:00
支流へも進みます
川幅の狭い支流へも進む。水路を覆うようにマングローブが迫り、いよいよツアーのクライマックスへ

⑤ 12:00
ツアー終了
川を下り、海でのカヌーも少し体験し、スタート地点へ。ショップに戻り、サービスのお茶菓子でひと休み

楽しかった〜!

+
こんな探険もあります

国頭村
ひじおおたきとれっきんぐ
比地大滝トレッキング

深い森を歩いて滝を目指す

落差約25m、本島最大規模を誇る比地大滝は気軽に楽しめるネイチャースポット。全長約1.5kmの遊歩道は、やんばるの森を貫き、珍しい亜熱帯植物を間近に観察できる。
☎0980-41-3636（比地大滝キャンプ場）住国頭村比地781-1 ¥500円 ⏰9〜16時最終入場（11〜3月は〜15時最終入場）休不定休 交許田ICから車で1時間 P120台 **MAP** P156B3

干潮時の慶佐次川は川底があらわになり、満潮時の風景から一変します。

ココにも行きたい

本島北部のおすすめスポット

📷 八重岳桜の森公園
やえだけさくらのもりこうえん

沖縄でも随一の桜の名所

八重岳の登山道沿いにカンヒザクラの並木があり、桜が満開となる1月下旬ごろにピンクのトンネルが出現。日本一早い桜の開花が楽しめる。1月下旬から2月上旬ごろまで「もとぶ八重岳桜まつり」が開催され、県内外から訪れる大勢の花見客で賑わう。**DATA** ☎0980-47-2700（本部町役場企画商工観光課）🏠本部町並里 💴無料 🕐見学自由 🚃許田ICから車で45分 🅿500台 **MAP**P154B3

📷 塩川
しおかわ

世界中に2カ所しかない塩水の川

海岸線から約150m内陸部にあり、塩水が流れる川は、世界でもこことプエルトリコの2カ所だけなのだとか。そのメカニズムは、岩塩層説、地下空洞説などがあるが確定されていないという。昭和47年（1972）に国の天然記念物に指定。全長は280m。**DATA** ☎0980-47-3641（本部町観光協会）🏠本部町崎本部 💴無料 🕐見学自由 🚃許田ICから車で40分 🅿5台 **MAP**P154A3

📷 嵐山展望台
あらしやまてんぼうだい

風光明媚な羽地内海を望む

屋我地島や奥武島をはじめ古宇利大橋やワルミ大橋など本部半島に囲まれ湖のように穏やかな羽地内海（はねじないかい）を一望できる。周囲は自然も豊かで、パイナップル畑や茶畑が広がり、四季折々の風景を眺められるのどかな雰囲気。**DATA** ☎0980-53-5438（名護市観光課）🏠名護市呉我 💴無料 🕐見学自由 🚃許田ICから車で30分 🅿20台 **MAP**P154C3

📷 ヤンバルクイナ生態展示学習施設「クイナの森」
やんばるくいなせいたいてんじがくしゅうしせつ「くいなのもり」

本物のヤンバルクイナに会える

飼育部屋には、国指定天然記念物のヤンバルクイナがいて、水浴びする様子などを間近に観察できる。**DATA** ☎0980-41-7788 🏠国頭村安田1477-35安田クイナふれあい公園内 💴700円 🕐9時～16時30分最終受付 🕐水曜 🚃許田ICから車で1時間30分 🅿30台 **MAP**P156C2

📷 茅打バンタ
かやうちばんた

やんばる屈指のビュースポット

車1台が通れるような細い坂道を上った先にあり、国頭村を代表する景勝地として知られている。「バンタ」とは沖縄の方言で「崖」を意味し、展望所がある標高約80mの断崖からは、右手に東シナ海の絶景を、左手に亜熱帯の森が見渡せる。**DATA** ☎0980-43-0977（辺戸岬観光案内所HEADLINE）🏠国頭村宜名真 💴無料 🕐見学自由 🚃許田ICから車で1時間30分 🅿22台 **MAP**P156C1

📷 大石林山
だいせきりんざん

熱帯カルストの森をトレッキング

2億5000万年の時が刻んだ奇岩巨石が林立し、亜熱帯の森が広がる。4つの散策コースと予約制ガイドツアーが楽しめ、沖縄の石をテーマに岩石標本や石製の民具などを展示した沖縄石の文化博物館もある。**DATA** ☎0980-41-8117 🏠国頭村宜名真1241 💴1200円 🕐9時30分～16時30分最終受付（17時30分閉園）🕐無休 🚃許田ICから車で1時間30分 🅿130台 **MAP**P156C1

📷 辺戸岬
へどみさき

荒波打ちつける本島最北の岬

那覇から北へ約120km。沖縄本島の最北端に位置し、晴天時には鹿児島県の与論島を見渡す壮大な眺めが楽しめる。岬全体は緑地として整備され、遊歩道が設けられているほか、随所に石碑やモニュメントが立つ。地元ではドライブスポットとして人気。**DATA** ☎0980-43-0977（辺戸岬観光案内所HEADLINE）🏠国頭村辺戸 💴見学自由 🕐見学自由 🚃許田ICから車で1時間35分 🅿47台 **MAP**P156C1

🎵 ネオパークオキナワ
ねおぱーくおきなわ

小さな汽車から自然をウォッチ

フラミンゴなど熱帯地方に生息する生き物を自然に近い状態で飼育。かつて沖縄を走っていた鉄道を再現した沖縄軽便鉄道（660円／所要20分）での園内周遊がおすすめ。**DATA** ☎0980-52-6348 🏠名護市名護4607-41 💴1300円（中学生以上）🕐9時30分～17時30分（最終入園は17時）🕐無休 🚃許田ICから車で20分 🅿533台 **MAP**P154C4

♪ ナゴパイナップルパーク
なごぱいなっぷるぱーく

パイン型のカートで園内周遊

音声ガイド付きのパイナップル号に乗車し、約120種のパイナップルが生育するパイン畑や熱帯果樹が茂る植物園を見学。併設するショップでは、パイナップルグルメなども販売。

DATA ☎0980-53-3659 **住**名護市為又1195 **¥**1200円 **⏰**10〜18時（最終入園受付17時30分）※HPにて要確認 **休**無休 **交**許田ICから車で20分 **P**200台 **MAP**P154C4

♪ OKINAWAフルーツらんど
おきなわふるーつらんど

五感で楽しむトロピカルワールド

亜熱帯を満喫できるテーマパーク。園内では、謎解きアドベンチャー「トロピカル王国物語」も楽しめる。ほかにも季節のフルーツパフェやドリンクが楽しめるフルーツカフェも人気。

DATA ☎0980-52-1568 **住**名護市為又1220-71 **¥**1200円 **⏰**10〜18時（最終入園は〜17時30分）**休**無休 **交**許田ICから車で20分 **P**100台 **MAP**P154C3

♪ もとぶ元気村
もとぶげんきむら

賢いイルカの動きに釘づけ

イルカと泳ぐドルフィンスイムなど、イルカとのふれあいを通してイルカについて学べる、ドルフィンエンカウンターが人気。マリンレジャープログラムもある。

DATA ☎0980-51-7878 **住**本部町浜元410 **¥**ドルフィンエンカウンター9000円（7月1日〜8月31日は1万円、0才〜参加可能※未就学児は保護者同伴/有料）**⏰**8〜17時（要予約）**休**無休 **交**許田ICから車で50分 **P**30台 **MAP**P154A2

♪ やんばる学びの森
やんばるまなびのもり

やんばるの森を気軽に散策

趣の異なる長短3本の自然散策路が整備され、解説員と歩くガイドウォーク（3900円／所要約2時間、2日前までに要予約）などが楽しめる。

DATA ☎0980-41-7979 **住**国頭村安波1301-7 **¥**無料（自然散策路入場400円）**⏰**8時30分〜17時30分 **休**水曜 **交**許田ICから車で1時間30分 **P**60台 **MAP**P156C3

😊 fuu cafe
ふう かふぇ

緑に囲まれた庭でランチタイム

瀬底島に店を構え、南国らしいガーデンを眺めながら、無農薬栽培のハーブや季節の野菜を取り入れたメニューが楽しめる。写真は看板メニューの海ぶどうとアグーの丼仕立て1570円。

DATA ☎0980-47-4885 **住**本部町瀬底557 **⏰**11時〜14時30分LO、18時30分〜21時LO **休**水・木曜 **交**許田ICから車で40分 **P**20台 **MAP**P154A3

😊 チャハヤブラン
ちゃはやぶらん

伊江島を望むロケーションが自慢

備瀬のフクギ並木（☞P50）にあり、海を眺めながらハワイアンパンケーキやアサイーボウル1430円などが楽しめる。写真はコーヒーホイップやナッツをトッピングしたコーヒーモカパンケーキ1430円。

DATA ☎0980-51-7272 **住**本部町備瀬429-1 **⏰**10時〜17時30分LO **休**無休 **交**許田ICから車で1時間 **P**あり **MAP**P154A1

---

column
ひと足のばして美ら島へ

伊江島
いえじま

みどころや島の名産も多い

沖縄美ら海水族館からも見える標高172mの城山（くすくやま）がシンボルの離島。島内には断崖を望む湧出（わじー）展望台、春には100万輪ものテッポウユリが咲くリリーフィールド公園など、みどころが点在している。伊江島牛や島らっきょうなど特産品や加工品も多く、島のサトウキビで造ったラム酒も人気が高い。**DATA** ☎0980-49-3519（伊江島観光協会）**住**伊江村川平 **⏰**見学自由 **交**本部港からフェリーで30分（本部港へは許田ICから車で45分）**P**あり **MAP**下図・折込裏左上

とんがり帽子のような印象的な島影だ

城山の登山口。15分ほどで山頂へ到着。山頂からは360度のパノラマが楽しめる

子宝の伝説が残る洞窟、ニャティヤ洞（がま）

伊江島

本島北部●ココにも行きたい おすすめスポット

📖 東村〜国頭村を結ぶ県道70号は、森の中のルート。ヤンバルクイナなど、希少生物の事故を防ぐ標識が設置されています。

これしよう！
焼き物を探しに
やちむんの里へ

やちむんの里には約17の工房が集まる。売店やカフェも魅力。（☞P72）

これしよう！
美浜アメリカン
ビレッジでお買物

観覧車やシアター、ショップなど、おしゃれスポットが集結。（☞P70）

これしよう！
西海岸エリアは
海辺のリゾートエリア

西海岸には絶好のビーチが集まる。サンセットも必見です。（☞P66）

本島中部は
ココにあります！

沖縄美ら海
水族館

本島中部

やちむん
の里

那覇空港

沖縄屈指のリゾートエリアを快適ドライブ

本島中部
ほんとうちゅうぶ

やちむんを
おみやげに

こんなところ

本島中部には大きな米軍基地があるため、異国情緒漂うスポットが多く点在します。港川地区の外国人住宅を利用したお洒落なカフェやアメリカ西海岸の雰囲気がある美浜アメリカンビレッジ、やちむんの里など、みどころ満載。西海岸沿いにはリゾートホテルが立ち並び、景勝地の万座毛も。

access

●那覇空港から
やちむんの里まで
那覇空港から沖縄自動車道沖縄南IC、県道74、国道58号経由で約47km

問合せ
☎098-966-2893
恩納村観光協会
☎098-958-6494
読谷村観光協会
広域MAP P148～151

～本島中部 はやわかりMAP～

観光のヒント

夕日の時間を
チェックしよう

西海岸は万座毛など夕日スポットが多いので、せっかくなら東シナ海に沈む夕日を見てみたい。日没時間は概ね17時30分～19時30分。詳しくはP67の表を参考に。

ミッションビーチ (☞ P67) **5**

プセナ海中公園
海中展望塔
幸喜公園
・ザ・プセナテラス

名護市
許田IC

**道の駅許田
やんばる物産センター** (☞ P79) **6**

慶佐次へ→

万座毛 (☞ P67) **4**
ANAインターコンチネンタル
万座ビーチリゾート
・沖縄県
県民の森
恩納
恩納村
宜野座村
宜野座IC

恩納海浜公園
ナビービーチ
沖縄工芸村

やちむんの里 (☞ P72) **3**
ルネッサンス リゾート
オキナワ
真栄田岬

金武町
伊芸SA
金武IC
金武

道の駅ぎのざ
漢那ビーチ
宜野座ビーチ

残波岬公園
残波ビーチ
与久田ビーチ
座喜味城跡

石川IC
屋嘉IC
屋嘉
ビーチ

金武岬

329

ニライビーチ
体験王国むら咲むら
読谷

ビオスの丘
・石川歴史民俗資料館
伊波城跡

金武湾

金武はアメリカンな雰囲気が

米軍基地のゲート周辺の街「金武 (きん)」はどことなくアメリカン。

読谷村
道の駅喜名番所
安慶名城跡
宇堅ビーチ
野鳥の森自然公園

トンナハビーチ

宮城島

木綿原遺跡
道の駅
かでな
沖縄北IC
知花城跡

うるま市
具志川ビーチ

屋良城跡

うるま市

平安座島

海中道路

**美浜アメリカン
ビレッジ 2**
(☞ P70)

嘉手納町
沖縄市
沖縄自動車道
沖縄南IC
北谷町
北谷

沖縄こどもの国
330
勝連城跡
薮地島
浜比嘉島

**海の上を走る
海中道路**

平安座島へ渡る、全長約5kmの道路。
MAP P149F1

329
イオンモール
沖縄ライカム
沖縄県総合運動公園

北谷公園サンセットビーチ

1 港川外国人住宅 (☞ P68)

喜舎場スマート
北中城村
北中城城跡

宜野湾マリーナ・
宜野湾市
北中城IC
中城城跡
中城村

N
0 ⎯⎯ 3km

浦添市
西原IC
・与那原町へ
中城湾
津堅島

本島中部

おすすめコースは

6時間30分 🕐

西海岸エリアは国道58号沿いにみどころポイントが点在。北谷周辺はアメリカンテイストな雰囲気が楽しめ、ルネッサンス リゾート オキナワを抜けたあたりから、サンセットが美しい海沿いの道が名護まで続く。

スタート	1	2	3	4	5	6	ゴール
🚗	☕ カフェ	🛍 買い物	🛍 買い物	📷 見学	👁 見学	🛍 買い物	🚗
西原I.C	港川外国人住宅	美浜アメリカンビレッジ	やちむんの里	万座毛	ミッションビーチ	道の駅許田やんばる物産センター	許田I.C
	▶車で15分	▶車で20分	▶車で20分	▶車で40分	▶車で15分	▶車で15分	▶車で3分

📖 沖縄自動車道の伊芸SAは、上下線とも展望台が設置されています。金武湾や周辺の島々が眺められます。

沖縄で夕日を眺めるならコチラ
西海岸沿いの海景ドライブ

所要時間 5時間

恩納村を貫く国道58号は、沖縄きっての海沿いルートです。メジャーな
サンセットスポットを押さえながらシーサイドドライブに出かけてみましょう。

約20km

START!

沖縄南 IC

サンセットも
キレイ

▲灯台のたもとや灯台越しに眺める
夕日がおすすめ

バスのお店
みつけました

約8km

1 ざんぱみさきこうえん
残波岬公園

青い海に映える灯台が印象的

東シナ海に大きく突き出した岬。
岬一帯には遊歩道（約2km）が
整備され、絶景を眺めながら気軽
に散策することも。岬の景観を印
象付ける高さ31mの灯台（¥300
円 ⏰9時30分～16時30分、10
～4月は9～16時 休荒天時）は、
南西諸島最大を誇る。
☎098-958-0038（残波リゾートアクテ
ィビティパーク）住読谷村宇座 見学自
由 交沖縄南ICから車で40分 P260台
MAP P150A2

約9km

2 まえだみさき
真栄田岬

海へと続く長い階段が印象的

サトウキビ畑を抜けた先にあり、ダイ
ビングのエントリーポイントとして知
られる。ダイビング仕様の施設や、岬
を見渡せる東屋も整備されている。
☎098-982-5339（真栄田岬管理事務所）
住恩納村真栄田 ¥無料 見学自由 交石川
ICから車で15分 P180台（1時間100円）
MAP P151E4

ダイバーが
いっぱい

おいしいピザ、
ごちそうさま
でした

サンセットも
キレイ

▶遊歩道を200mほど歩いた、
夕日の丘からの眺めがベスト

約5km

3 やちむんかふぇどかどか
やちむんカフェ
土花土花

お昼は西海岸の風景を眺めながら

海を近くに感じさせるオープンテラス
は、風が吹き抜け、居心地抜群。もっち
り食感が人気の土花土花ピザ2980円
～をお供に過ごしたい。
☎098-965-1666 住恩納村前兼久243-1
⏰8～17時（モーニングは～10時30分）休日曜
交石川ICから車で10分 P20台 MAP P151F4

これが噂の "ゾウの鼻"
海面からの高さは約20m

サンセットも
キレイ

◀日が沈むにつれ、徐々にシルエットになっていくゾウの鼻が印象深い

崖の上には
遊歩道も

4 まんざもう
万座毛

沖縄有数の断崖から海を見渡す

眼下に広がるコーラルブルーの海が美しい、沖縄屈指の景勝地。入口にはみやげ店や飲食店を備えた万座毛周辺活性化施設が立つ。

☎098-966-8080（万座毛周辺活性化施設）🏠恩納村恩納 ¥100円 🕐8～20時（11～3月は～18時）🚗屋嘉ICから車で15分 🅿360台 MAP P152A3

サンセットは
何時ごろがオススメ？

夕日を見るなら、日没時間に合わせて行くのがおすすめです。右の表を参考にしてみて。ただし、万座毛のゾウの鼻を写真におさめたいなら、逆光になる午後よりも午前中がベストです。

日 没 時 間			
1月	17:49	7月	19:26
2月	18:12	8月	19:16
3月	18:31	9月	18:49
4月	18:46	10月	18:16
5月	19:01	11月	17:47
6月	19:18	12月	17:37

▲那覇の2025年各月1日の予想データ（国立天文台）

約8km

5 みっしょんびーち
ミッションビーチ

木陰が涼しげな天然の浜

岩場や木々に囲まれた天然の浜。ビーチサイドにはモクマオウが木影を作り、プライベート感もバッチリ。バナナボート15分1800円もある。

約5km

☎098-967-8802 🏠恩納村安冨祖2005-1 ¥300円 🕐遊泳期間は4月中旬～10月下旬、遊泳時間は9時～17時30分（変動あり）🈺期間中無休 🚗許田ICから車で20分 🅿100台（1日300円）MAP P152B3

体験ツアーも開催

ぶせなかいちゅうこうえん
かいちゅうてんぼうとう・ぐらすぼーと
6 ブセナ海中公園
海中展望塔・
グラスボート

歩いて海中の世界へ

海中展望塔は岬の沖合およそ170mの位置にあり、水深約5mの海中世界を観察できる。クジラ型グラスボートでの海中散歩も子供たちに大人気！

☎0980-52-3379 🏠名護市喜瀬1744-1 ¥セット券2100円（展望塔＋ボート）🕐9時～17時30分最終入場（11～3月は～17時最終入場）※海況・天候などによる営業中止あり 🈺無休 🚗許田ICから車で5分 🅿200台 MAP P152C2

熱帯魚が目の前にいたよ

GOAL!

🚩 許田
IC

約3km

ブセナ海中公園 海中展望塔 6
・グラスボート
ミッションビーチ 5
万座毛 4
真栄田岬 2
やちむんの里
残波岬公園 1

許田IC
宜野座IC
金武IC
金武岬
沖縄自動車道
屋嘉IC
石川IC
金武座喜
3 やちむんカフェ
土花土花
沖縄北IC
沖縄南IC
沖縄IC
宮城島
平安座島
海中道路
浜比嘉島
藪地島
中城湾
北中城IC

5km

噂の港川外国人住宅の
カフェ&ショップに行ってみましょ!

外国人住宅をリノベーションした店が続々とオープンしている港川外国人住宅。
アメリカンハウスが密集するエキゾチックな雰囲気も味わって。

東欧や北欧のおしゃれな雑貨も販売

おはこるて みなとがわほんてん
[oHacorté] 港川本店

**季節のフルーツをよりおいしく
かわいいが詰まったタルト屋さん**

旬の果物をふんだんに盛り付けたフルーツタルトは、かわいくて胸がときめいてしまうほど。繰り返し焼き上げるサクサクの生地や、果物の個性に合わせて作るクリームなど、おいしく楽しむための手間とこだわりがうれしい。

☎098-875-2129 住浦添市港川2-17-1 #18 ○11時30分〜19時 休不定休 交西原ICから車で10分 P6台 MAP P148B3

①いろいろフルーツのタルト734円※季節により内容が異なる場合あり②タルト生地を使ったとりサブレ6枚入り1138円③持ち帰りの箱もキュート

外国人住宅って？
元は駐留する米軍人向けに建築。そのほとんどが築40〜50年を数えるが、時の経過がもたらしたレトロな風合いが注目され、現在では飲食店などの店舗として人気が高い。

港川外国人住宅MAP
宜野湾へ
タウンプラザかねひで
黒糖カヌレ ほうき星 港川本店
58
[oHacorté] 港川本店
琉球日産
那覇へ
AMERICAN WAVE
Proots—okinawa local goods store—

ほかにもあります
外国人住宅

外国人住宅は沖縄県内に4500戸ほどあるといわれ、読谷村、北谷町など、多くは浦添市以北の本島中部に集まっている。

外国人住宅は、他のエリアでも人気です

北中城村のtenは日常使いにぴったりなカトラリーや器、ファッション小物が勢揃い。
☎098-960-6832 (MAP)P149D1

琉球ガラスのグラスなども揃う

ぷるーつ おきなわ ろーかる ぐっず すとあ
Proots-okinawa local goods store-

沖縄のイイモノをおみやげに

オキナワンカルチャーを発信する場として店をオープン。店内にはオーナーが県内各地からセレクトした雑貨や菓子、やちむんなどが多彩に揃い、なかにはレアなアイテムも。奥のカフェスペースではシェイク660円なども楽しめる。

①本部町産のパッションフルーツを使ったリリコイバター(140g)1296円　②ダンボールをアップサイクルしたRubodanステッカー115円〜

☎098-955-9887 (住)浦添市港川2-16-7 (時)11〜18時 (休)水・土曜 (交)西原ICから車で10分 (P)4台 (MAP)P148B3

季節限定のカヌレが並ぶことも

こくとうかぬれ ほうきぼし みなとがわほんてん
黒糖カヌレ ほうき星 港川本店

沖縄素材がおいしいカヌレに

沖縄の特産品のひとつ、黒糖を生地に取り入れた黒糖カヌレ専門店。外はカリッと香ばしく黒糖の風味も楽しめるカヌレは、沖縄珈琲や名護産の緑茶入りなど常時10種類。個性豊かな食材がおいしさを彩る。

カヌレは組み合わせ自由で4個、6個、10個での販売。写真は10個入り1950円

☎098-975-7825 (住)浦添市港川2-16-2 (時)11時30分〜18時30分(売り切れ次第終了) (休)不定休 (交)西原ICから車で10分 (P)2台 (MAP)P148B3

あめりかん うぇーぶ
AMERICAN WAVE

ハイセンスなレトロ雑貨にときめく

オーナーがアメリカから直接買い付けるという1890〜1980年代のヴィンテージアイテムは、服飾雑貨を中心に一点物が多くレトロ雑貨好きにはたまらない品揃え。レディスだけでなくメンズも充実し、マグやポストカードなど手ごろなアイテムもある。

☎098-988-3649 (住)浦添市港川2-16-9 (時)11〜19時 (休)不定休 (交)西原ICから車で10分 (P)3台 (MAP)P148B3

①ファイヤーキング(キンバリー)のマグカップ4950円　②スヌーピーファンクラブピンバッジ3080円

レトロなアイテムたちは見ているだけでも楽しくなる

平屋で箱型の建物が、外国人住宅の特徴です。アンティークなランプや木枠の窓など、ぬくもりあるディテールもポイント。

異国ムード漂うリゾートタウン 美浜アメリカンビレッジへ

トレンドの発信地として地元の若者から人気を集める話題のスポットへ。
新規施設が続々オープンのデポアイランドでショッピングやカフェを楽しみましょう。

映えスポットたくさん

カラフルな建物が立ち並び賑やかな雰囲気

消防車のウォールアートは
一番人気のフォトスポット

月のオブジェが目
を引くデポアイラン
ドボードウォーク

北谷町
みはまあめりかんびれっじ
美浜アメリカンビレッジ

個性あふれるリゾートタウン

北谷町のベイエリアに広がる一大商業スポットで、アメリカ文化が随所に感じられる中部エリアのランドマーク的存在。カフェやショップ、ホテルなどが立ち並びSNS映えするスポットとして人気を集めている。
☎098-926-4455（北谷町観光情報センター）🏠北谷町美浜 ⏰休店舗により異なる 🚗沖縄南ICから車で15分 🅿美浜共用駐車場利用1500台 MAP P148C1

慶納・読谷方面
ダブルツリーbyヒルトン沖縄北谷リゾート
ヒルトン沖縄北谷リゾート
デポアイランド
58
レクー沖縄北谷スパ&リゾート
オークファッションビル 桑江
デポアイランド 美浜アメリカン
シーサイド ビレッジ
ベッセルホテルカンパーナ沖縄
イオン北谷店
北谷公園 ザ・ビーチタワー沖縄 那覇方面
サンセット
ビーチ

視界いっぱいに広がるオーシャンビューは感動的！

☕ ZHYVAGO COFFEE ROASTERY
じばご こーひー ろーすてりー

沖縄西海岸発の香り豊かな一杯を

人気コーヒースタンド「ZHYVGO COFFEE」の旗艦店。アメリカ西海岸のコーヒーカルチャーをテーマに、店内で自家焙煎したコーヒーやスイーツなどが楽しめる。

☎098-988-7833 🏠北谷町美浜34-1レクープレミア棟1階 ⏰7～22時 休無休 交沖縄南ICから車で15分 P美浜共用駐車場利用 MAP P148C1

2階にはゆったりくつろげるイートインスペースも用意

コーヒーだけでなくアパレルや菓子などオリジナルグッズの販売も

バリスタが丁寧に淹れた一杯をぜひ

ホットラテ(M)570円と併設するするスイーツショップ「キャラバーナ」のBENII-MO330円

🛍 Depot Island
でぽ あいらんど

南国コーデを彩るアイテムが充実

インポートアイテムを中心に、アメカジやハワイアンなど沖縄リゾートファッションをキーワードにした商品が揃う。おみやげにぴったりな小物類も多い。

☎098-926-3322 🏠北谷町美浜9-1デポアイランドA1階 ⏰10～21時 休無休 交沖縄南ICから車で15分 P美浜共用駐車場利用 MAP P148C1

南国チックなデザインのボードショートパンツ4900円～

パイル生地ビキニ9800円～。カラーバリエーションも豊富

リゾート感溢れるテラス席で時間を忘れ過ごしたい

☕ ザ・カリフキッチン
ざ かりふきっちん

海を眺めながら極上のカフェタイム

テラスから望むオーシャンビューやサンセットは格別。メニューは紅芋いもキャラメルナッツかき氷980円をはじめ、見た目のインパクトにこだわったフードやスイーツなど。

☎098-926-1010 🏠北谷町美浜9-21デポアイランドシーサイドビル3階 ⏰8時～21時30分LO 休不定休 交沖縄南ICから車で15分 P美浜共用駐車場利用 MAP P148C1

海を目の前に望む人気のテラス席

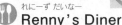

終日注文OKのスペシャルブレックファスト1600円

🍴 Renny's Diner
れにーず だいなー

ニューヨークスタイルのグルメが評判

外国人客も多く訪れる人気のダイナー。ベーグルやピザ、チキンオーバーライスなどニューヨークにちなんだストリートフードがメイン。ミルクシェイク800円などもおすすめ。

☎098-923-0276 🏠北谷町美浜9-39オークファッションビル2階 ⏰11時～20時30分LO（土・日曜は9時～） 休水曜 交沖縄南ICから車で15分 P美浜共用駐車場利用 MAP P148C1

☕ ISOLA GERATO&DONUT
いぞら じぇらーとあんどどーなつ

沖縄のおいしいをギュッと凝縮

ドラゴンフルーツやシークヮーサーなど素材そのものの風味を楽しめるジェラートが評判。多良間黒糖グレース310円など揚げたてドーナツ8種類などもある。

☎なし 🏠北谷町美浜9-21デポアイランドシーサイド1階 ⏰11～20時 休無休 交沖縄南ICから車で15分 P美浜共用駐車場利用 MAP P148C1

どこを撮っても絵になるオシャレな店構え

ジェラートダブル650円

陶工が集う「やちむんの里」で お気に入りの器を探して

職人の手により、ひとつひとつ生み出される作品は、温かみを感じる素朴な風合いが魅力。
工房やギャラリーを巡り歩けば、とっておきの逸品に出合えるはずです。

ぎゃらりーうつわや（つねひでこうぼう）
ギャラリーうつわ家（常秀工房）

伝統と調和するモダンな作風が評判

島袋常秀さんの工房に併設するギャラリー兼ショップ。さまざまな伝統技法を駆使しながらも、どこか現代風な印象を受ける作品は、使い手の声に耳を傾けていくなかで生まれたのだという。深みのある朱色が美しい赤絵の器も充実している。

☎090-1179-8260 住読谷村座喜味2748
🕐9〜18時（日曜は10時〜）休水曜

1 八寸平皿5400円。濃淡のある呉須の深い青が印象的 2 箸置き各320円。手作りの風合いがかわいらしい

多彩な形や絵柄が揃う赤絵の器もぜひ手に入れたい

1

2

3

4

マグカップや皿など普段使いしやすい作品が揃う

やちむんやむちん
やちむんヤムチン

「自分が使いたい」器を形に

やんばるの里入口にある糸数祐樹さんの工房「土工房 陶糸」の直売店。自由で個性的な糸数さんの作品はもちろん、知人作家の作品も扱う。日常使いしてほしいとリーズナブルな価格なのもうれしい。

☎090-9782-4343 住読谷村座喜味2695
🕐11〜17時 休不定休

3食卓のアクセントにもなる6寸皿プレート2900円 4手びねりならではの温かみを感じる手びねりマグカップ2980円

大皿から蓋付きの器まで幅広い

やちむんの里外にも個性的な工房がいっぱい

陶器工房 豊(いち)では白化粧に藍色の染付けが映える器や、洋食にも合うカラフルなリム皿など作り手の個性を感じる作品に出合える。
☎098-958-1612 **MAP**P150A2

とうげいこうぼうふじ
陶芸工房ふじ
個性豊かな線彫り作品に注目

人間国宝の故・金城次郎氏を祖父に持つ藤岡香奈子さんの工房。一門の象徴である魚紋をクジラやハイビスカスなど、女性作家ならではの視点でアレンジした作風が魅力だ。

☎098-989-1375 **住**読谷村座喜味2677-1 **時**9〜18時 **休**不定休

5カラフルな絵付けがステキな4寸マカイ重ね焼き2800円
6ハイビスカスと亀の5寸1枚焼き3300円

やちむんのさと
やちむんの里って？
伝統の息吹を感じる陶芸の里 時間をかけてじっくり巡りたい

やちむんとは、沖縄の方言で焼き物のこと。汁物を好む沖縄の食文化との関わりから、厚みのあるぽってりとした器が多いのが特徴。工芸が盛んな読谷村にあるやちむんの里は、壺屋やちむん通り（●P32）と並ぶ陶芸の産地として知られ、里内に点在する約19の工房で陶工が腕を磨いている。

問合せ☎098-982-9216（読谷村商工観光課）※電話対応のみ
アクセス石川ICから車で20分
P共同駐車場利用
MAPP150B3

読谷山焼の登り窯。年に数回火が入る

手頃な価格は直営店ならでは

75寸皿飛び鉋1980円。松田米司さん作 **8**やちむんならではの風合いを感じる3.5寸マカイ（椀）1320円。松田共司さん作

よみたんざんやききたがまはばいてん
読谷山焼北窯売店
陶工4氏の多彩な作品が一堂に

宮城正享、與那原正守、松田米司、松田共司の4氏の窯からなる読谷山焼北窯の作品を販売。それぞれ作風は異なるが、マカイ（茶碗）など、日常で使える器が揃う。

☎098-958-6488 **住**読谷村座喜味2653-1
時9時30分〜13時、14時〜17時30分 **休**不定休

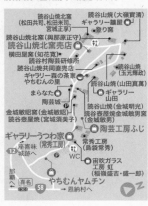

📖 読谷山焼陶器市は毎年12月中旬頃開催します。各工房の軒先で展示販売され、比較的リーズナブルな料金で購入できます。

読谷山花織、琉球ガラス、泡盛、天然塩…沖縄の物づくりにふれる

琉球ガラスなどのフォークロアアートだけでなく、塩作りや酒造所を見学。
沖縄の物づくりにふれながら、おみやげ選びを楽しみましょう。

これを体験！
**読谷山ミンサー
コースター織体験**
模様はジンバナ（銭花）など
3種類から選んで体験できる

体験は1500円。織り機を自ら動かす貴重な体験

これを体験！
吹きガラス体験
体験時間は短いが、
職人さながらの行程が
楽しめる。3500円〜

自分だけのオリジナルグラスにうっとり

【読谷村】
ゆんたんざはなういじぎょうきょうどうくみあい
読谷山花織事業協同組合
読谷村伝統の織物にふれる

読谷山花織
コースター織体験
40分
予約 要

幾何学的な花模様が美しい読谷山花織（ゆんたんざはなうい）。琉球王朝時代から織り継がれた後、戦後一時期途絶えたものの、昭和30年代に復活。体験できるコースター作りではベテランの織手が織機の動かし方を丁寧に指導してくれるので、初心者でも安心。

☎098-958-4674 ㊤読谷村座喜味2974-2（伝統工芸総合センター内）🕘9〜17時（土曜10時〜）、体験は10、11、13、14、15時（土曜、祝日は10時はなし）㊡日曜（ほか臨時休館あり）🚗石川ICから車で25分 🅿10台 MAP P150A3
※体験は2日前までに要予約

①手足を交互に動かし、横糸を通しながらゆっくりと織っていく
②着尺・反物の展示や、財布、ストラップなど、小物も販売

【うるま市】
りゅうきゅうがらすたくみこうぼう いしかわほんてん
琉球ガラス匠工房 石川本店
個性派グラス作りに挑戦

吹きガラス体験
10分
予約 要

沖縄の感性を生かしたガラス作りにこだわり、独創的な作品が人気の工房。手作り体験では、長い吹き竿で溶けたガラスを膨らませながら仕上げる「吹きガラス」に挑戦。体験できる工程も多く、スタッフの丁寧な指導のもと、職人気分を味わえる。ロックグラスなどグラスの形や色、模様を豊富なメニューのなかから選べるのもうれしい。

☎098-965-7550 ㊤うるま市石川伊波1553-279 🕘9〜18時（体験受付は〜16時30分、予約優先）㊡水曜（8月は営業）🚗石川ICから車で5分 🅿20台 MAP P151F4

①ガラスを成型。ここで飲み口の形が左右される ②ショップでは琉球ガラス製品を展示販売

沖縄の名楽器、
あの三線も
手作りできる？

戦後、物資の乏しかった時代に空き缶を利用して作ったカンカラ三線は、**体験王国 むら咲むらの三線屋**で作ることができます。所要約1時間、料金は6500円（要予約）。
☎098-958-1111 MAP P150A3

これを体験
塩作り体験
所要時間30分ほどなので手軽に体験できる

かわいい塩壺でマイソルトをお持ち帰り

これを体験
泡盛の試飲
試飲の枠を超えた丁寧な説明が好評

ノンアルコールのもろみ酢も用意

うるま市
たかえすせいえんじょ
高江洲製塩所
離島の海で作る天然の塩

塩作り体験 約30分 予約 要

本島と海中道路、浜比嘉大橋で結ばれた浜比嘉島の南端にある製塩所。こちらの製塩方法は、流下式塩田で、浜比嘉島の海水を竹の枝を組んだ枝条架から滴下させ、太陽や潮風で水分を飛ばして塩分を濃くするというもの。塩作り体験で作ったマイソルトはオリジナルの塩壺に入れて持ち帰りできる。
☎098-977-8667 住うるま市勝連比嘉1597 料見学無料（塩作り体験は2300円）時10～16時、塩作り体験の受付は閉店の1時間前まで 休土・日曜、祝日（HP参照）交沖縄北ICから50分 P30台
MAP P149F4

1濃縮した海水をかき混ぜながら煮詰めるとマイソルトの完成 2高さ約5mの枝条架の仕組みなど塩職人が丁寧に説明してくれる

うるま市
かみむらしゅぞう くーすぐら
神村酒造 古酒蔵
五感で楽しむ泡盛蔵見学

工場見学、試飲 約40分 予約 要

創業明治15年（1882）の老舗の泡盛酒造所。工場見学ではガラス越しではなく、実際に酒造所内へと立ち入るため、リアルな泡盛作りにふれられる。試飲にも力を入れ、一般酒や古酒の飲み比べから、風味の違い、各銘柄と相性のいい料理まで、スタッフがしっかりと説明。お気に入りの1本が見つかりそうだ。
☎098-964-7628 住うるま市石川嘉手苅570 料見学500円（おみやげ付、要予約）時見学時間11時、14時、15時（見学は3日前までに要予約）休無休 交石川ICから車で5分 P30台 MAP P150C2

1泡盛を熟成するのに最適な環境を整えた地下蔵 2醸造の都合上、工場内へ入れない日もある

 泡盛の試飲は20歳から。ドライバーの方はノンアルコールのクエン酸飲料の試飲を。

75

♪♪ 本島中部

西海岸の青い海で
マリンアクティビティを

リゾートホテルが立ち並ぶ西海岸。大人気の青の洞窟（**MAP**P151E4）をはじめ、
バラエティに富んだマリンアクティビティが楽しめます。

✦ ブルーに輝く人気スポット ✦

青の洞窟スノーケリング

青の洞窟とは、真栄田岬近くの断崖に口を開けた水中洞窟のこと。岩の割れ目から射し込んだ太陽光が海底で反射。その光が洞窟内を青く照らす。今や大人気のマリンスポットをスノーケリングで気軽に体感してみよう。

行程表
8:00 集合・受付 ▶ 8:30 出発 ▶ 8:50 洞窟入口 ▶ 9:00 スノーケリング開始 ▶ 9:30 洞窟の外へ ▶ 10:30 ショップに戻って終了

所要 2時間30分

こんな魚見つけました！

クマノミ
イソギンチャクといつでも一緒

ツバメウオ
この海域に多数棲息し群れを成している

チョウチョウウオ
ヒラヒラと、チョウのように優雅に泳ぐ

水着とタオルのみで参加できます

徒歩でアプローチ
ショップに集合して着替え、ブリーフィングが終了したら、真栄田岬へ移動

波打ち寄せる岩肌を進む
真栄田岬の階段を下り、海岸線へ。ここから断崖に沿って5分ほど歩く

スノーケリング開始
洞窟内へ入り、スノーケリングで青く輝くポイントへ。神秘的な美しさに感動

そのまま洞窟の外へ
スノーケリングをしながら洞窟外へ。東シナ海の美しい海が堪能できる

恩納村
まりんくらぶなぎ
マリンクラブナギ

青の洞窟への拠点となる真栄田岬に近い立地。温水シャワーや男女別トイレ、女性インストラクターなど、サービスも万全だ。

☎098-963-0038 住恩納村山田501-3 時8〜17時 休無休 交石川ICから車で15分 P30台
MAPP151E4

このツアーに参加しました

青の洞窟シュノーケリング
●料金 4800円
●所要時間 2時間30分
●催行時間 8時、10時、13時、15時
●予約 要予約（空きがあれば当日可）
●1人参加 可

遊んでみたいな！
個性派アクティビティ

数あるマリンアクティビティのなかでも、
注目を集める4アイテムを紹介します。

海のアスレチックオーシャンパーク
ANAインターコンチネンタル万座ビーチリゾート（P126）のビーチ遊泳区域内に設けられたアスレチック施設。滑り台など国内最大級の規模です。2024年は11月30日まで開催。有料。

パラセール
リゾートの空と海を満喫

パラシュートとコネクトしたハーネスを装着していざ大空へ。約130m上空まで舞い上がり360度のパノラマビューを楽しもう。

ここで体験
ルネッサンス リゾート オキナワ
●料金8800円 ●所要時間約40分〜1時間30分（フライトは約10分）●利用条件 8歳以上、体重35kg以上 ●催行期間通年 ☎098-965-0707
MAP P151F4

スタンドアップ
パドルボード
海の上をスイスイ移動

ハワイ生まれでここ数年人気急上昇。ボードの上に立ちパドルを操作。海面を滑るように移動する

ここで体験
ANAインターコンチネンタル万座ビーチリゾート
●料金 スタンドアップパドル ボード スクール6500円〜 ●所要時間60分 ●利用条件 10歳以上 ●催行期間 通年
☎098-966-1211
MAP P152A3

ぱんざおきなわ めがじっぷ
PANZA沖縄 MegaZIP
国内初！海の上を滑走

日本初となる全長250mのジップライン。高さ13mのデッキから出発し、海の上を滑走。海鳥の視点で海・空を眺めよう。

ここで体験
シェラトン沖縄サンマリーナリゾート
●料金 メガジップ2750円（宿泊者は1650円）●所要時間約30分 ●利用条件体重25〜130kg
※天候等の状況により変動●催行期間通年（受付9〜17時）詳細はPANZA沖縄HP参照
MAP P151F3

ホバージェットボード
まるで空飛ぶサーフィン

水圧を噴射することで浮上。波がなくてもサーフィンの気分が楽しめる新感覚アクティビティ。初心者でもインストラクターが丁寧にレクチャーしてくれる。

ここで体験
ルネッサンス リゾート オキナワ
●料金 初心者8800円、経験者5500円 ●所要時間初心者約30分（安全講習含む）、経験者約20分 ●催行期間 通年 ☎098-965-0707 **MAP** P151F4

📖 ルネッサンス リゾート オキナワ（☞P127）のドルフィンプログラムでは、イルカとふれ合えます。

ドライブ途中、小腹が空いたら "沖縄の駅" が便利です

地域の特産品を販売する"沖縄の駅"には、
珍しい惣菜やおやつがたくさんあります。ドライブのお供にいかが。

てびち唐揚げ
2個600円
揚げる前に煮込んでいるので、とってもやわらか。
南蛮黒酢ダレがおいしい
🏠 豚三郎

> とろ〜り
> ソースが濃厚

> プルプルとした
> 食感が楽しいです

ムール貝
1個230円
ウニ風味ソースをのせてオーブンで焼き上げる。1日200個売れることもあるとか
🏠 恩納村水産物直売店

> ライスが
> 沖縄の形!

やんばるカレー
1080円
スパイスをきかせたカレーに冬瓜やオクラなど地元食材がたっぷり
🏠 curry Savila

島豚ソーセージ
1本300円
島豚のうまみが1本にギュッと凝縮。島らっきょう入りなど4種類が揃う
🏠 A・DA・Nおんなの駅店

> ジューシーな肉汁が
> あふれます

> 南国フルーツによる
> 夢の共演

恩納村
おんなのえき なかゆくいいちば
おんなの駅
なかゆくい市場

- - - - - - - - - -

ご当地グルメ目当ての客で賑わう

駐車場に面して並ぶ屋台型店舗がこの名物。海産物やかまぼこ、スイーツなどの専門店が10軒ほど連なり、オリジナリティあふれるフードが揃う。テーブルやベンチもあり、休憩にも便利。
☎098-964-1188 🏠恩納村仲泊1656-9
🕐10〜19時 🈳無休（臨時休業などはHP要確認）🚗石川ICから車で10分 🅿150台
🅼🅰🅿P151F4

旬のフルーツや野菜など盛りだくさん

アイスマウンテン（かき氷）
トロピカルフルーツ **1780円**
マンゴーやパイナップルなど、旬の果実を豪華に盛り付け。※季節によりトッピングの変動あり
🏠 琉氷 Ryu-pin

> イカスミのうまみを
> たっぷり凝縮

> 外はカリッと
> 中はホクホク

サーターアンダギー（プレーン）
120円
沖縄の定番おやつで黒糖味や紅芋味など常時8種類。作り立てをぜひ
🏠 琉球銘菓三矢本舗おんなの駅店

イカ墨ジューシー
2個250円
イカスミにだし汁を加えて炊き上げた、沖縄風炊き込みごはん
🏠 A・DA・Nおんなの駅店

基地サイドの駅で名物バーガーを召し上がれ

米軍嘉手納基地に隣接する道の駅かでなにあるロータリードライブインUP-KITTY。ここで売られているジャンボチーズバーガー842円は、顔が隠れるほどの大きさです。
☎098-956-5819 MAP P150B4

アセローラフローズン
700円
本部町特産のアセローラを使用。さっぱりとした酸味がクセになる
🏠 ラ・ガール

> 沖縄素材が冷たいスイーツに

> シークヮーサーが味のアクセント

シナモンロール
172円
上にかかるクリームチーズとシークヮーサーを合わせたグレーズで爽やかな味わい
🏠 ラ・ガール

カットフルーツ
150円～
旬の果実を食べやすくカット。初見の南国フルーツを、味見感覚で楽しめる
🏠 やんばる物産センター
※季節により取扱いがない場合あり

> 南国フレーバーが口いっぱいに広がります

> 揚げたてのタコスの皮がまた格別です

タコス
800円（2P）
名護市の職人が手作りした皮に、スパイシーなミートが合う
🏠 パーラー海風

> カラフルな見た目で子どもにも大人気

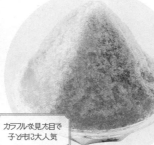

レインボーかき氷
500円
イチゴやレモンなど4種類のシロップをかけたボリュームたっぷりのかき氷
🏠 物産センターパーラー

道の駅許田
やんばる物産センター

北部12市町村の特産品が並ぶ

沖縄初の道の駅として1994年にオープン。北部観光の立ち寄り所としてすっかりお馴染みになった。フードコートもあり、イートインも可能。館内では農産物や特産品を販売している。

☎0980-54-0880 住名護市許田17-1 営8時30分～19時（店舗により異なる）休無休 交許田ICから車で3分 P270台 MAP P152C2

> 沖縄の定番おやつです！

沖縄てんぷら 1個100円
モズクや魚はもちろん、季節の野草もカラリと揚げられている
🏠 てんぷら屋

> ゴロっとマンゴーがいっぱい

マンゴーパフェ
850円
フローズンのマンゴー果肉とソフトクリーム。とにかくマンゴー尽くし
🏠 物産センターパーラー

許田IC近く本島北部の入口に立つ

📖 道の駅許田の宝くじ売り場は、高額当選者を多く輩出していることで有名です。旅の運を試してみてはいかがですか？

ココにも行きたい

本島中部のおすすめスポット

📷 浦添ようどれ
うらそえようどれ

琉球国王が眠る陵墓を復元

琉球統一以前の13世紀頃に活躍した英祖王（えいそおう）が築いたとされ、17世紀ごろに琉球王国第二尚氏の尚寧王（しょうねいおう）が改修。併設する「ようどれ館」では実物大で再現された西室（英祖王陵）も見られる。**DATA** ☎098-874-9345（浦添グスク・ようどれ館）**住**浦添市仲間2-53-1 **¥**入場無料（ようどれ館は100円）**⏰**9〜17時 **休**月曜 **P**40台 **交**西原ICから車で10分 **MAP**P148B3

📷 嘉数高台公園
かかずたかだいこうえん

中部エリアを一望できる

小高い丘に整備された公園。沖縄戦においては「嘉数の戦い」として最大級の激戦地としても知られる。園内には戦没者を弔う慰霊塔のほか、地球儀をモチーフにした展望塔もあり、東シナ海を望むことができる。**DATA** ☎098-897-2751（宜野湾市海浜公園指定管理社はごろもPMパートナーズ）**住**宜野湾市嘉数 **⏰**8時30分〜21時30分（管理社は火曜休み）**交**西原ICから車で5分 **P**45台 **MAP**P148B3

📷 中村家住宅
なかむらけじゅうたく

沖縄戦の戦火を逃れた豪農屋敷

18世紀中ごろに建てられたもので、国の重要文化財に指定されている。台所をはじめ、一番座、二番座など沖縄独特の建築様式を備えており、残存する部屋には、当時の生活が垣間見える。赤瓦屋根など、威風堂々とした佇まいは必見。**DATA** ☎098-935-3500 **住**北中城村大城106 **¥**500円 **⏰**9時〜16時30分最終入場 **休**水・木曜 **交**北中城ICから車で6分 **P**25台 **MAP**P149D2

📷 あまわりパーク歴史文化施設
あまわりぱーく れきしぶんかしせつ

出土品展示や映像上映も

勝連城跡（かつれんじょうあと／P55）を中心に整備が進められる「あまわりパーク」の中心施設。ライブシアターでは勝連城の城主、阿麻和利に関する歴史アニメを上映。**DATA** ☎098-978-2033 **住**うるま市勝連南風原3807-2 **¥**600円 **⏰**9〜18時（17時30分最終売場）**休**無休 **交**沖縄北ICから9km **P**100台 **MAP**P149E1

ライブシアターでは映像コンテンツを毎日上映

阿麻和利（あまわり）の功績も紹介。ここで知識を仕入れて勝連城跡へと登城しよう

📷 美らヤシパークオキナワ・東南植物楽園
ちゅらやしぱーくおきなわ・とうなんしょくぶつらくえん

親子三世代で楽しめる植物園

日本最大級の屋外熱帯植物園。約4万5000坪の敷地内では、約1300種の植物と約50種の動物たちとふれ合うことができる。**DATA** ☎098-939-2555 **住**沖縄市知花2146 **¥**1540円〜 **⏰**イベントに準ずる。詳しくはHP参照 **休**無休 **交**沖縄北ICから車で5分 **P**最大350台 **MAP**P150C4

🎶 ぎのわん海浜公園トロピカルビーチ
ぎのわんかいひんこうえんとろぴかるびーち

街なかでリゾート気分を満喫

那覇市街から車で20分ほどの場所にあり、大きく弧を描く広い砂浜が美しいビーチ。地元客の利用が多く、週末ともなればBBQを楽しむ家族やグループで賑わう。**DATA** ☎098-890-0881 **住**宜野湾市真志喜4-2-1 **¥**無料 **⏰**遊泳期間4月下旬〜10月末の9〜19時（変動あり）**休**期間中無休 **交**西原ICから車で10分 **P**180台 **MAP**P148B2

📷 ぬちまーす観光製塩ファクトリー
ぬちまーすかんこうせいえん ふぁくとりー

塩の雪景色が見られる工場見学

目の前の海から汲み上げた海水からミネラル海塩、ぬちまーす（命の塩）が作られる製塩工程を、ガイドが20分毎に案内。**DATA** ☎098-923-0390 **住**うるま市与那城宮城2768 **¥**無料 **⏰**9時〜17時30分（レストランは〜17時）**休**無休 **交**沖縄北ICから車で50分 **P**50台 **MAP**P149F3

🎶 伊計ビーチ
いけいびーち

透明度の高さは離島ならでは

海中道路を渡った先の伊計島にあり、美しい海は県内でもトップクラスの透明度を誇る。波が穏やかなので、毎年家族連れなどで賑わっている。バナナボート10分1000円などもある。**DATA** ☎098-977-8464 **住**うるま市与那城伊計405 **¥**400円 **⏰**遊泳期間4月下旬〜10月下旬の10〜17時（変動あり）**休**無休（ただし時期、天候により変動あり）**交**沖縄北ICから車で1時間 **P**300台 **MAP**P149F3

♪♪ ビオスの丘
びおすのおか

亜熱帯の豊かな自然に癒やされたい

亜熱帯植物が生い茂る園内は、ランに囲まれた遊歩道や遊具が充実した広場などがあり、自由に散策が楽しめる。船頭によるガイドを聴きながら湖を遊覧する湖水観賞舟(入園料に含まれる、所要25分)はおすすめ。**DATA** ☎098-965-3400 俚うるま市石川嘉手苅961-30 ¥2200円(湖水観賞舟を含む) ⏰9時〜16時15分最終入園 休不定休 交石川ICから車で15分 P130台 **MAP**P150C2

🍴 TACOMARIA
たこまりあ

カリフォルニアスタイルの絶品タコス

スパイスに漬けて焼いたビーフやシュリンプなど、7種類あるタコス380円〜はカリフォルニアでアレンジされたメキシコ料理がベース。注文を受けてから焼き上げるトルティーヤの香ばしさもたまらない。**DATA** ☎098-975-5539 俚宜野湾市伊佐2-20-5 ⏰11時30分〜21時LO 休無休 交北中城ICから車で10分 P8台 **MAP**P148C2

🏺 琉京甘味 SANS SOUCI
りゅうきょうかんみ さん すーしい

沖縄と京都のおいしい邂逅

やんばる豚の釜玉肉つけうどん990円など沖縄と京都の食材を取り入れた料理が人気。写真は夏期限定で提供する本部町アセロラのかき氷たっぷりゼリーのせ1100円。抹茶や黒糖を使ったスイーツもある。**DATA** ☎098-935-1012 俚北中城村荻道150-3 ⏰11〜15時LO 休不定休(要確認) 交北中城ICから車で6分 P18台 **MAP**P148C2

♪♪ 北谷公園サンセットビーチ
ちゃたんこうえんさんせっとびーち

街遊びの途中に気軽に立ち寄り

美浜アメリカンビレッジ(☞P70)に隣接していて海遊びはもちろん、BBQやシャワーなど設備も充実している。名前の通りサンセットスポットとしても知られ、ビーチサイドに座って夕日を眺める人も多い。**DATA** ☎098-936-8273 俚北谷町美浜2 ¥無料 遊泳期4〜11月末の9〜18時(変動あり) 休期間中無休 交沖縄南ICから車で15分 P美浜共用駐車場利用 **MAP**P148C1

🍴 古民家食堂 てぃーらぶい
こみんかしょくどう てぃーらぶい

浜比嘉島の料理を古民家で味わう

築90年以上の古民家を利用。赤瓦や魔除けの役割を持つヒンプンなど古のたたずまいを今に残している。メニューは中身(豚のモツ)を使った中身そば(写真)、ソーキそばから選べる沖縄そば膳1430円を用意。**DATA** ☎098-977-7688 俚うるま市勝連浜56 ⏰11時〜15時45分LO 休火曜、第1水曜・第3日曜 交沖縄北ICから車で40分 P8台 **MAP**P149F4

🛍 CHICAGO ANTIQUES on ROUTE58
しかご あんてぃーくす おん るーとごじゅうはち

アメリカンレトロな雑貨がいっぱい

1950〜70年代のアンティークを中心にテーブルウェアやおもちゃ、ジュエリーまで1万点以上の品揃え。古き良きアメリカの魅力がぎっしり詰まった空間で、厳選したアメリカアイテムを探したい。**DATA** ☎098-898-8100 俚宜野湾市真志喜1-1-1 ⏰11〜18時 休日曜 交西原ICから車で10分 P4台 **MAP**P148B3

---

column
ひと足のばして美ら島へ

浜比嘉島
はまひがじま

神々の伝説が色濃く残る

海中道路の東側の沖合に浮かぶ島。浜比嘉大橋で平安座島と結ばれている。琉球開闢神であるアマミチュー、シルミチューに関する伝説が残り、2神の居住跡や墓と伝わる場所は聖地として大切にされている。島にはリゾートホテルが1件あり、飲食店が複数営業。周囲のほかの離島に比べ、立ち寄り所が多い。**DATA** ☎098-978-7373(あまわりパーク内観光案内所) 俚うるま市勝連浜比嘉 見学自由 交沖縄北ICから車で40分 Pあり **MAP**P149F4

アマミチューの墓があると伝わる小島

全長1430mの浜比嘉大橋。平安座島、海中道路を経由して本島と陸路で往来ができる

2神の居住跡と伝わるシルミチュー。厳かな雰囲気だ

浜比嘉大橋
平安座島、沖縄本島へ
アマミチューの墓
古民家食堂 てぃーらぶい P.81
ホテル 浜比嘉島リゾート
浜比嘉島
シルミチュー
浜比嘉島
0 500m N

本島中部 ● ココにも行きたい おすすめスポット

📖 中部エリアはエイサーが盛んです。旧暦7月15日(2024年は8月18日)になるとコザや屋慶名など各地でエイサーが行われます。

これしよう！
パワースポット
沖縄の聖地へ

斎場御嶽は琉球王国時代から神聖な場所として参拝されていた。(☞P85)

これしよう！
戦争の歴史を
今に知る

平和祈念公園は沖縄戦で激戦地だった場所。資料館や慰霊碑が立つ。(☞P84)

これしよう！
海風を受けて
お気に入りのカフェへ

南部では海を眺めながらカフェタイムが楽しめる場所が点在。(☞P86)

本島南部は
ココにあります！

沖縄美ら海水族館

沖縄自動車道

那覇空港

本島南部

斎場御嶽

海カフェと琉球王国時代からの聖地へ

本島南部
ほんとうなんぶ

ケーキで
ひと休み

こんなところ

本島南部は沖縄戦の終焉地で戦跡が各地に点在。ひめゆりの塔や沖縄県平和祈念資料館などを訪ね、歴史を学ぶことができます。また、南城市には海を眺めながらお茶が楽しめる、素敵な海カフェがいっぱい。知念岬周辺には、沖縄屈指の聖地である斎場御嶽(せーふぁうたき)があります。

access

●那覇空港から
斎場御嶽まで
那覇空港から国道329、331号経由で約30km

問合せ
☎098-840-8135
糸満市観光・スポーツ振興課
☎098-948-4660
南城市観光協会
広域MAPP142〜143

～本島南部 はやわかりMAP～

絶景を楽しめる知念岬公園
太平洋や久高島（→P91）を一望。初日の出スポット。

自然が残る天然浜の新原ビーチ
地元で人気の穴場的なビーチ。グラスボートも運航。

斎場御嶽（☞P85）

ニライ橋・カナイ橋（☞P85）

浜辺の茶屋（☞P85）

中本てんぷら店（☞P84）

平和祈念公園（☞P84）

ひめゆりの塔・ひめゆり平和祈念資料館（☞P84）

観光のヒント
スピリチュアルを極めるなら…

南城市には、斎場御嶽を筆頭に、知念城跡や玉城城跡など、琉球神話にまつわる史跡が点在。国道の標識案内を見ながらスピリチュアルスポット巡りを楽しんでみては？

0 — 2km

おすすめコースは
5時間

南部エリアでは国道331号が半島を半周している。国道沿いにひめゆりの塔や摩文仁の丘、海カフェや、琉球王国の最高聖地、斎場御嶽などが点在。スピリチュアルなドライブが楽しめる。

スタート	1	2	3	4	5	6	ゴール
ゆいレール県庁前駅	見学 ひめゆりの塔・ひめゆり平和祈念資料館	見学 平和祈念公園	買う 中本てんぷら店	カフェ 浜辺の茶屋	見学 ニライ橋・カナイ橋	見学 斎場御嶽	ゆいレール県庁前駅
	車で40分	車で10分	車で15分	車で10分	車で15分	車で5分	車で50分

南城市地域物産館（☞P91）にある「幸せの架け橋」に立てば、久高島と斎場御嶽のパワーで幸せになれるといわれています。試してみます？

オーシャンビューが爽快な
国道331号沿いの南部ドライブ

所要5時間
MAPとコースの
案内はP83へ

本島南部には戦跡や御嶽（聖地）など、一度は訪れたい場所が多数点在しています。
国道331号沿いを中心に、歴史的にも重要なスポットを巡る旅へ出かけましょう。

START!

1 ひめゆりのとう・ひめゆりへいわきねんしりょうかん
ひめゆりの塔・ひめゆり平和祈念資料館

ひめゆり学徒を鎮魂する慰霊碑

沖縄戦で亡くなったひめゆり学徒のための慰霊碑。ひめゆり学徒隊は女学校の教師・生徒で構成。沖縄陸軍病院に看護要員として動員され、240名中、136名が亡くなった。ひめゆりの塔は昭和21年（1946）、真和志村長だった遺族金城和信によって建立され、その存在は全国的に有名。

☎098-997-2100（ひめゆり平和祈念資料館）　🏠糸満市伊原671-1　￥無料（資料館は450円）　🕐見学自由（資料館は9〜17時最終入館）　休無休　🚗豊見城ICから車で20分　🅿周辺無料駐車場利用　MAP P142B4

▲写真右端に立つ石塔が、最初に建立されたひめゆりの塔

1 献花台には絶えず花が手向けられている
2 資料館では生存者による証言映像も

約4km

▲天ぷらは1個100円〜。魚やイカが具の定番

2 へいわきねんこうえん
平和祈念公園

戦跡公園で平和の尊さを実感

沖縄戦の激戦地、糸満市摩文仁に整備された広大な公園。国立沖縄戦没者墓苑や各県の慰霊塔・碑、沖縄県平和祈念資料館、平和の礎、沖縄平和祈念堂などの施設が立つ。例年、慰霊の日である6月23日には、沖縄全戦没者追悼式も行われる。

☎098-997-2765　🏠糸満市摩文仁　￥無料（施設により異なる）　🕐8〜22時（施設により異なる）　休無休　🚗豊見城・名嘉地ICから車で30分　🅿531台（無料）　MAP P142B4

約8km

▲平和の礎には現在も追加刻銘が行われている

▲海を望む丘一帯を緑豊かな公園として整備

3 なかもとてんぷらてん
中本てんぷら店

奥武島名物のてんぷらに感動！

海人の島・奥武島（おうじま）にあり、島の名物として知られる同店の天ぷらは、平日でも行列ができるほどの人気。揚げたそばから売れていくため、かなりの確率でアツアツの天ぷらを購入できるのがうれしい。

☎098-948-3583　🏠南城市玉城奥武9　🕐10時30分〜18時　休木曜（祝日の場合は前日）　🚗南風原南ICから車で20分　🅿4台　MAP P142C3

約3km

歴史あるスポットはほかにも
知念城跡は沖縄最古の歌謡集にも謡われた歴史ある城跡。2つのアーチ門を備え、見ごたえも充分です。
☎098-948-4660(南城市観光協会)
MAP P143E4

4 はまべのちゃや
🚩 **浜辺の茶屋**

ちょっとひと休み...

お茶タイムは憧れの海カフェで

営業時間中客足が絶えない人気店。満潮時には建物のすぐそばまで波が寄せるほど海に近く、まさに浜辺のオアシスといった趣が魅力。波打ち際のビーチ席もおすすめ。

☎098-948-2073 🏠南城市玉城玉城2-1 🕙10〜17時LO(金〜日曜、祝日の月曜は8時〜) 🈂無休 🚗南風原南ICから車で20分 🅿20台 MAP P143D3

約7km

▼クロックムッシュ550円

5 にらいばし・かないばし
🚩 **ニライ橋・カナイ橋**

浮遊感がたまらない絶景ロード

ニライ、カナイの2本の橋の全長は約1.2km。高低差約80mの断崖を大きくカーブを描きながら結んでいる。目の前に広がる青空と青い海を眺めながらのドライブは感動必至!

☎098-948-4660(南城市観光協会) 🏠南城市知念知念 🕙休通行自由(橋上は駐停車禁止) 🅿なし 🚗南風原南ICから車で25分 MAP P143E4

▲海に向いた人気の窓際の席

約3km

▲橋の全景は橋上部にある展望所から一望できる

GOAL!

6 せーふぁうたき
🚩 **斎場御嶽** 世界遺産

琉球創世伝説の神秘にふれる

琉球創世の神・アマミキヨが創ったとされ、かつて琉球国王も参拝した、由緒ある聖地。王国最高位の神女である聞得大君が王国全土の安泰を祈願した場所でもある。

☎098-949-1899(緑の館・セーファ) 🏠南城市知念久手堅 ¥300円 🕙9〜18時、11〜2月は〜17時最終入館(※チケット販売は最終入館の15分前まで) 🈂不定休(年2回休息日あり) 🚗南風原南ICから車で35分 🅿南城市地域物産館・岬公園利用150台 MAP P143F4

◀三角岩を進んだ奥の空間は三庫理(さんぐーい)という神域
▼神の島といわれる久高島が眺められる

※2024年4月現在、三庫理内は立入禁止

斎場御嶽の入館チケットは、南城市地域物産館(☞P91)で販売しています。

本島南部 ● 国道331号沿いの南部ドライブ

絶景がなによりのごちそう！
海カフェでゆるり島時間を

本島南部の東海岸一帯の高台には、眺望自慢のカフェがたくさんあります。
きれいな海を眺めながらのカフェタイムは、まさに至福のひとときです。

ここが
特等席
です

南城市

あじあん・はーぶすとらん かふぇくるくま

アジアン・ハーブレストラン
カフェくるくま

**標高140mからの大パノラマ！
南部有数の眺めにカンゲキ**

断崖上に設けられたテラスから180度
見渡せるダイナミックな眺望が自慢。メ
ニューは本場のシェフが腕を振るう本
格タイ料理が中心で、自家栽培のハー
ブをふんだんに使った料理はとっても
ヘルシー。ボリュームもたっぷり。

☎098-949-1189 ⓗ南城市知念知念1190
🕙10～16時LO（土・日曜、祝日は～17時LO）
🈺水曜（祝日の場合営業）🚗南風原南ICから
車で30分 🅿60台 🅼P143E4

✤
カオパッガイ
1391円
エスニックな風味が香
るタイの焼き飯

✤
くるくまぜんざい
462円
ココナッツミルクを使
ったマイルドな味わい

1 エメラルドブルーに輝く海はリーフまでくっきり
2 爽快な眺めに思わずうっとり…

✦ この席も
おすすめです

店内にあるカウン
ター席もオーシャ
ンビュー

"海"だけじゃなく
"山"のカフェも
人気があります

山の中腹に立つ**山の茶屋 楽水**は、天然の岩肌を壁面に利用した、自然と共存するような店造りが魅力です。さちばるそば1925円など、ヘルシーな菜食料理がいただけます。
☎098-948-1227 **MAP**P143D3

本島南部 ● 海カフェでゆるり島時間を

ここが
特等席
です

✚
ほうれん草＆
チキンカレー
1050円

オリジナル配合の
スパイスが決め手

南城市
しょくどうかりか
食堂かりか
ビーチで味わう本格ネパールカレー

白い砂浜が美しい新原ビーチで営業するネパールカレー専門店。ネパール出身の店主が腕を振るうメニューは、カレーをはじめお酒に合う単品など本格派。ネパールのスイーツ、ココナッツマンゴーコルフィー650円が人気。

☎098-988-8178
🏠南城市知念百名1360 ⏰10〜20時LO（季節により変動あり）🈲水曜（台風、大雨時は休業）🚗南風原南ICから20分 🅿15台 **MAP**P143D3

メニューは窓口でオーダーするスタイル

ここが
特等席
です

✚
フレンチトースト
1200円（ドリンク
バー付き）

自家製キャラメルソースや県産マンゴーが付く

南城市
りぞーとれすとらんせいふぁー
リゾートレストランせいふぁー
パノラマビューにうっとり

南城市地域物産館（☞P91）の2階にあるレストラン。断崖の上に立っているため海を望むカウンター席からの眺めはみごと。南城市特産のクレソンを使ったクレソン麺のトマトソースパスタなどもおすすめ。

☎098-948-1070
🏠南城市知念久手堅539南城市地域物産館2階 ⏰11〜15時LO 🈲金曜 🚗南風原南ICから車で30分 🅿150台 **MAP**P143F4

斎場御嶽見学後のランチや休憩にぴったりだ

ここが
特等席
です

✚
オムライス
1760円

ふんわり玉子に特製デミグラスソースがよく合う

南城市
かふぇ やぶさち
Cafe やぶさち
絶景が優雅に楽しめるモダン空間

小高い丘の上に店を構え、一面ガラス張りの大きな窓からは、百名ビーチのほか、広大な景色を見渡せる。料理長自慢のメニューは、盛り付けも美しく、本格的なものばかり。14時30分までのランチにはスープ、サラダバー、ドリンクバーが付く。

☎098-949-1410
🏠南城市玉城百名646-1 ⏰11時〜日没 🈲水曜（祝日の場合は営業）🚗南風原南ICから車で25分 🅿50台 **MAP**P143D3

白を基調に洗練された外観が目を引く

 海カフェが集中する南城市知念・玉城地区は丘陵地帯です。爽快なドライブが楽しめます。

南欧風のステキなリゾート
瀬長島ウミカジテラスへ

空港から
6.6km!

海に向かって並び立つ、白亜の建物が美しいリゾートモール。
絶好のロケーションのなか、グルメやショッピングを満喫しましょ。

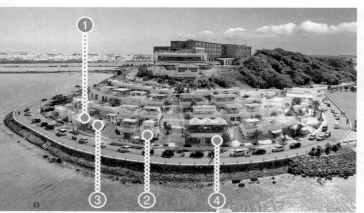

❶斜面に店が立ち並ぶ ❷夕日の名所としても有名

せながじまうみかじてらす
瀬長島ウミカジテラス

モダンな小規模店舗が40以上

リゾートアイランド、瀬長島の西海岸に隣接する商業施設。多彩なレストランやメイドイン沖縄のクラフトショップなどが集結。空港から車で20分というアクセスも魅力。

☎098-851-7446 住豊見城市瀬長島174-6 時10〜21時（店舗により異なる）休無休（店舗により異なる）交那覇空港から車で20分 P約600台 MAP P142A2

❶ 親父のまぐろ
おやじのまぐろ

漁師の親父が釣り上げた鮮度抜群の県産生マグロを提供。マグロの旨みを味わえる親父の生マグロ丼（並）1330円や手巻き寿司550円も人気。☎098-996-2757 時11〜21時 休無休

アヒポキライス
1630円
漬けマグロにアボカドや県産野菜、栄養価の高いアローカナの卵をトッピング

わさび油
756円
わさび特有の辛みが特徴で刺身やパスタにもよく合う。おみやげにぜひ！

❷ SunRoom Sweets SENAGAJIMA
さんるーむ すいーつ せながじま

店内で手作りするスコーンやシフォンケーキが自慢。なかでもマンゴーを使ったメニューが豊富でマンゴークリームフローズン902円なども。☎098-987-1718 時11〜21時 休無休

マンゴークリームシフォン
410円
マンゴーシフォンに果肉と生クリームをトッピングした人気のスイーツ

イタリアンクリームソーダ
572円
沖縄の海をイメージ。シークヮーサーを加え爽やかな口当たり

❸ もとむのカレーパン
もとむのかれーぱん

カレーパングランプリ2年連続金賞獲得。A5ランクの黒毛和牛と牛すじの旨みが溶け込んだ特製カレーに軽い食感のパン生地がよく合う。☎098-851-8510 時9時〜20時30分LO 休無休

カレーパン（M）
450円
注文を受けてから焼くので生地がサクサク。中にはカレーがたっぷり入っている

マサラチャイ
450円
香り豊かなスパイスとミルクが絶妙な本格チャイ

❹ 沖縄手作りジェラート yukuRu
おきなわてづくりじぇらーと ゆくる

沖縄の旬のフルーツや野菜などを取り入れたジェラート店。店内の製造室で作られ、常時10種類を用意。季節限定メニューも要チェック。☎098-996-1577 時11〜21時 休無休

紅芋ミルク648円
紅芋のまったりとした甘さとコクのあるミルクが相性抜群

マンゴーミルク648円
マンゴーの風味やミルクのおいしさをしっかり味わえるよう控えめな甘さ

空港から簡単アクセス
DMMかりゆし水族館へ行ってみました

道の駅やショッピングモールが立つ、発展目覚ましい豊崎エリアにある今話題の水族館。
光・音・映像で魅せる空間演出に注目です。

でぃーえむえむかりゆしすいぞくかん
DMMかりゆし水族館

映像表現も用いた新感覚水族館

「イーアス沖縄豊崎」に併設。通常の水槽展示だけでなく、最新の映像表現と音響技術を駆使した空間で季節の移ろいを演出。リアルな海洋体験も楽しめる。☎098-996-4844 🏠豊見城市豊崎3-35 ¥2400円 🕘9～20時(最終入館19時) 休無休 🚗那覇空港から車で20分 MAP P142A2

❶床一面が透明なガラス張りになった「ちゅらみなも」。水深6mの大水槽を上部から眺められる ❷光と音が織りなす幻想的な「クラゲよんなー」❸歩いたり泳ぐ姿を眺められる「ペンギンぐすく」

みどころ1

ちゅらさんリーフ

美しいサンゴや熱帯魚を展示するトンネル状の水槽。頭上にも色鮮やかな魚が泳ぎ、海中に身を置いているみたい。海の中を散歩している気分が楽しめる。

みどころ2

うみかじドーム

沖縄の空模様と波打ち際を再現。奥にある空は現実の時間と連動したスクリーンになっており、昼は美しい海や空、夕方にはサンセット、夜には星空を上映。訪れる時間で異なる景色を見せてくれる。

みどころ3

いきもの餌やり体験

ナマケモノやペンギン、カワウソ、リクガメ、海水魚の餌やり体験を実施している。生き物を間近に見ることができ人気のプログラム。定員ありの先着順なので早めの申し込みを。

DMMかりゆし水族館はここにあります！

いーあすおきなわとよさき
イーアス沖縄豊崎

フライト前の立ち寄りに便利

県内初のショッピングセンター併設の水族館をはじめ、グルメやショッピング、アミューズメント施設が集結した大型複合施設。☎098-840-6900 🏠豊見城市豊崎3-35 🕘10～21時(一部店舗により異なる) 休不定休 🚗那覇空港から車で20分 P約3000台 MAP P142A2

500m

那覇空港 P.116
那覇空港駅
小禄駅
赤嶺駅
小禄バイパス
瀬長島
瀬長島ウミカジテラス P.88
豊見城・名嘉地IC
沖縄アウトレットモールあしびなー P.91
道の駅豊崎
豊崎・美らSUNビーチ P.90
イーアス沖縄豊崎・DMMかりゆし水族館
那覇中心部へ

89

ココにも行きたい

本島南部のおすすめスポット

📷 ガンガラーの谷
がんがらーのたに

鍾乳洞跡の森を歩くガイドツアー

鐘乳洞が崩れてできた谷間に広がる森を、ガイドとともに散策する約1時間20分のガイドツアー。巨大なガジュマルや古代人の居住跡などみどころ多数。🅳🅰🆃🅰☎098-948-4192 🏠南城市玉城前川202 ¥2500円 ※ツアー参加必須 ⏰9時〜17時30分（電話受付）、要予約 🈲無休 🚗南風原南ICから車で12分 🅿30台 🅼🅰🅿P142C3

📷 旧海軍司令部壕
きゅうかいぐんしれいぶごう

戦時中の様子が生々しく残る

日本海軍によって掘られた地下陣地。ツルハシやスコップで設営され、多くの将兵が壕内で壮絶な最期を遂げたという。現在は約300mが一般公開され、壕内には司令官室などが当時のまま残されている。🅳🅰🆃🅰☎098-850-4055 🏠豊見城市豊見城236 ¥600円 ⏰9〜17時（最終入場は16時30分）🈲無休 🚗豊見城・名嘉地ICから車で6分 🅿100台 🅼🅰🅿P142A1

📷 垣花樋川
かきのはなひーじゃー

天然の泉は地域のオアシス

海を見渡す高台の中腹にあり、石造りの樋から勢いよくあふれ出す湧水がとても涼しげ。透きとおった泉はまるで天然のプールのよう。夏場は水遊びに興じる子どもたちや涼をとる家族連れで賑わい、地域住民の憩いの場として親しまれている。🅳🅰🆃🅰☎098-948-4660（南城市観光協会）🏠南城市玉城垣花812 ⏰見学自由 🚗南風原南ICから車で20分 🅿垣花農村公園利用（無料）🅼🅰🅿P143D2

📷 知念岬公園
ちねんみさきこうえん

空と海を見渡す大パノラマ

南城市地域物産館からすぐ、美しい朝日が望めるスポットとして地元では有名。三方を海に囲まれ、久高島やコマカ島を望む清々しい絶景が広がり駐車場近くの東屋からは岬の全景が一望できる。岬の先端には遊歩道も整備されている。🅳🅰🆃🅰☎098-948-4660（南城市観光協会）🏠南城市知念久手堅 ⏰見学自由 🚗南風原北ICから車で40分 🅿150台（駐車場は22時まで）🅼🅰🅿P143F4

📷 喜屋武岬
きゃんみさき

壮大な景観を望む本島最南端の岬

畑のあぜ道を抜けたところにあり、高さ30m余りの断崖からはエメラルドグリーンの海を一望する絶景が広がる。一帯は沖縄戦跡国定公園に指定され、灯台や戦没者の慰霊碑「平和の塔」も立つ。展望所やトイレもあり、ドライブ中の休憩にも便利。🅳🅰🆃🅰☎098-840-8135（糸満市観光・スポーツ振興課）🏠糸満市喜屋武 ⏰見学自由 🚗豊見城・名嘉地ICから車で20分 🅿15台 🅼🅰🅿P142A4

🎵 おきなわワールド
おきなわわーるど

沖縄の自然・歴史・文化を体感

鍾乳洞・玉泉洞や熱帯フルーツ園、ハブ博物公園など見どころたっぷりの沖縄最大級のテーマパーク。スーパーエイサー、ハブとマングースのショーは必見！県内から移築した築100年以上の古民家では伝統工芸体験も楽しめる。🅳🅰🆃🅰☎098-949-7421 🏠南城市玉城前川1336 ¥入園2000円 ⏰9時〜17時30分（最終入場16時）🈲無休 🚗南風原南ICから車で12分 🅿400台 🅼🅰🅿P142C3

🎵 知念海洋レジャーセンター
ちねんかいようれじゃーせんたー

太平洋に浮かぶ無人島、コマカ島へ

本島からコマカ島（🅼🅰🅿P143E2）へのボートを30分毎にシャトル運航。島では海水浴のほか、バナナボート15分2000円などマリンスポーツも楽しめる。島の設備はトイレのみだが、更衣室などは港にある。🅳🅰🆃🅰☎098-948-3355 🏠南城市知念久手堅676 ¥3000円〜（往復乗船料）⏰9時〜17時30分（10〜3月は〜17時）🈲無休（悪天候の際は運休）🚗南風原ICから車で40分 🅿70台 🅼🅰🅿P143F4

🎵 豊崎美らSUNビーチ
とよさきちゅらさんびーち

那覇空港に近くサンセットも抜群

那覇空港から車で約15分、発展著しい豊崎地区にあるビーチ。砂浜の全長約700mと県内屈指の広さを誇り海水浴だけでなくマリンアクティビティも充実。沖合には慶良間諸島の島影が見え、夕日が美しいことでも有名。🅳🅰🆃🅰☎098-850-1139 🏠豊見城市豊崎5-1 ¥無料 ⏰遊泳期間4〜10月の9〜18時（7・8月は〜19時）🈲期間中無休 🚗豊見城・名嘉地ICから3km 🅿800台（有料）🅼🅰🅿P142A2

🎵 美々ビーチいとまん
びびびーちいとまん

南部ドライブの立ち寄りにもおすすめ

サザンビーチホテル&リゾート沖縄に隣接しアクティビティが充実している。ビーチの目の前に防波堤があり、波が穏やかで安心して泳げる。当日受付OKのBBQもあるので便利。🅳🅰🆃🅰☎098-840-3451 🏠糸満市西崎1-6-15 ¥無料 ⏰遊泳期間4〜10月の9〜18時（変動あり）🈲期間中無休 🚗豊見城・名嘉地ICから車で15分 🅿630台（1日500円、11〜3月は100円）🅼🅰🅿P142A3

糸満漁民食堂
いとまんぎょみんしょくどう

鮮魚料理を大胆アレンジ

伝統的な調理法を生かしつつ工夫を凝らした魚料理を提供。写真はアーサ（アオサ）のバターソースをかけたイマイユのバター焼き定食1680円～（時価）。**DATA** ☎098-992-7277 住糸満市西崎町4-17-7 ⏰11時30分～14時30分LO、18～21時LO 休火曜、毎月最終月曜のディナー 交豊見城・名嘉地ICから車で15分 🅿14台 **MAP** P142A3

茶処 真壁ちなー
ちゃどころ まかべちなー

赤瓦の古民家でホッとひと息

明治24年（1891）ごろ建てられた琉球古民家は激しい戦火をも逃れ、随所に歴史を感じさせる甘情ある佇まいが魅力。写真のラフテー御膳2300円のほか、氷ぜんざい350円などの甘味、カフェメニューも充実している。**DATA** ☎098-997-3207 住糸満市真壁223 ⏰11～16時 休日・月曜 交豊見城・名嘉地ICから車で25分 🅿10台 **MAP** P142B4

沖縄アウトレットモール あしびなー
おきなわあうとれっともーる あしびなー

那覇空港近くでお得にショッピング

約100にも及ぶ国内外の有名ブランドが集結。ファッションから沖縄みやげと幅広くショッピングが楽しめるのが魅力だ。国内での正規価格の30～80％オフで購入できる商品も。**DATA** ☎098-891-6000 住豊見城市豊崎1-188 ⏰10～20時（レストランは～20時30分）休無休 交豊見城・名嘉地ICから3km 🅿1000台 **MAP** P142A2

南城市地域物産館
なんじょうしちいきぶっさんかん

斎場御嶽のチケットはここで

斎場御嶽（P85）の駐車場と入場チケットの販売を行う南城市の観光拠点。特産品販売をはじめグルメも楽しめるほか、2階にあるカフェは店内やテラスから海を眺めることができ、斎場御嶽を参拝した後の休憩にも便利。**DATA** ☎098-949-1667 住南城市知念久手堅539 ⏰9～19時（飲食店は～17時LO）休無休 交南風原北ICから車で30分 🅿150台 **MAP** P143F4

琉球ガラス村
りゅうきゅうがらすむら

彩り豊かなガラスにうっとり

県内最大規模のガラス工房。工房で作られたガラス製品が並ぶショップは、直売店ならではの充実した品揃えが自慢。吹きガラス体験（3850円～／所要約10分）をはじめ、10種類の体験メニューが楽しめる。本格的な設備で作品作りにチャレンジしたい。**DATA** ☎098-997-4784 住糸満市福地169 ⏰9時30分～17時30分 休無休 交豊見城・名嘉地ICから車で20分 🅿100台 **MAP** P142A4

大城てんぷら店
おおしろてんぷらてん

揚げたてをいつでもゲット

島でとれるモズクなど常時10種類のてんぷら100円を販売。注文を受けてから揚げるので、いつでもアツアツが楽しめる。店先にはテーブル席が用意されており、てんぷらを頬張る客の姿も。**DATA** ☎098-963-9618 住南城市玉城奥武193 ⏰11時～17時45分 休月・火曜、第4日曜 交南風原南ICから車で20分 🅿20台 **MAP** P142C3

---

c o l u m n
ひと足のばして美ら島へ

久高島
くだかじま

原風景が今も残る"神の島"

琉球開闢の神、アマミキヨが降り立ったとの伝承が残り、島内随所に聖域が点在。神の島とも呼ばれているが、昨今のスピリチュアルブームで訪れる人が増えている。島内巡りはレンタサイクル1時間300円が一般的。2時間もあれば島を1周することができる。**DATA** ☎098-835-8919（NPO法人久高島振興会）⏰見学自由 交安座真港から高速船で約15分、フェリーくだかで20分（安座真港へは南風原北ICから車で30分）🅿安座真港にあり、80台 **MAP** P143F2

五穀発祥伝説のあるイシキ浜

重要な祭祀を行う御殿庭（うどぅんみゃー）

島の最北端、ハビャーン岬へ続く一本道

📖 糸満市はハーリー（爬竜船競漕／はりゅうせんきょうそう）が盛ん。毎年旧暦5月4日（2025年は5月30日）には糸満ハーレーを開催。

慶良間諸島・座間味島で
のんびりと海時間を

2014年に国立公園に指定された慶良間諸島。
その中心が座間味島です。
那覇から日帰りで極上の海時間を過ごしましょう。

多くの人が訪れる古座間味ビーチ

サンゴや熱帯魚が
お出迎え

体験ダイビングをするなら…
所要約2時間で、料金1万3000円。
予約は前日まで。詳細は「マリンショップハートランド」(☎098-987-2978)まで。

座間味島ってこんなところ
（ざまみじま）

那覇から西に約40km、東シナ海に浮かぶ有人島。周辺の海域は透明度が高く、ダイビングスポットが島の近隣に集中しており、世界中のダイバーの注目を集めている。

問合せ 座間味村観光協会青のゆくる館 ☎098-987-2277

アクセス
座間味島へのアクセスは泊港、通称「とまりん」から。所要時間はフェリーが2時間、高速船が50～70分。日帰りなら往復とも高速船を利用しよう。
【とまりん（泊ふ頭旅客ターミナル）】🚃美栄橋駅から徒歩10分 **MAP**P144C1

●座間味島内での移動
集落は座間味港近隣にあるため、集落内だけでの行動なら徒歩でOK。また、港から古座間味ビーチへ向かうなら、村営バスが1日13便程度運行している。¥300円

おっきいクジラを発見

ホエールウォッチングをするなら…
催行は12月下旬～4月上旬頃。所要約2時間で、料金6600円※前日までに要予約。詳細は「座間味村ホエールウォッチング協会」公式HP参照。

沖縄本島
泊港
座間味島
古座間味ビーチ
渡嘉敷島
阿波連ビーチ

島のお食事処へ

ランチをするなら…
沖縄料理や定食などを幅広く揃える「レストランまるみ屋」(☎098-987-3166)はファミレス的存在。日替わりランチ（写真）780円～がおすすめ。

スローな暮らしの中で育まれた
うちな〜の味をご案内します

沖縄そば、チャンプルー、島野菜料理、
南国フルーツをふんだんに使ったスイーツ。
旅の途中に、南国の太陽に育まれた食材を生かした
とっておきの沖縄グルメを楽しんで。

沖縄グルメ

うちなーグルメ巡りは
沖縄そばから始めましょう

国内各地の麺料理に比べダシや具材に特徴がある沖縄そば。
ここ沖縄では、うどんやラーメンよりもポピュラーなご当地ヌードルです。

麺
そば粉ではなく、小麦粉を使用。油をまぶして保存するため、食感が独特

スープ
カツオと豚骨のブレンドスープが基本。店によって風味がかなり異なる

具
三枚肉もしくはソーキ（リブ）が代表格。テビチや野菜炒めがのることもある

ソーキそば（大）800円

そばを食べるシーサーがユニーク

沖縄そばとは？
琉球王国時代に中国から伝わったとされるが直接のルーツは、明治時代、那覇市に開業した中華そば店とされる。戦後、各地に専門店ができ今では県民食としての地位を確立。

南部
そばどころ たまや ほんてん
そば処 玉家 本店

カツオ風味のスープと麺の調和にこだわる

「これぞ沖縄そば」というスタンダードなスタイルを貫く。やや細い麺との相性を一番に考えたスープは、カツオの風味と豚のコクを併せもつ。

☎098-944-6886 🏠南城市大里古堅913-1
🕐10時30分～17時（変動あり）
🈳無休 🚗南風原北ICから車で8分 🅿30台
🅜🅐🅟P142C1

知っとこ！ **沖縄そばの薬味**

コーレーグース
島唐辛子を泡盛に漬け込んだ激辛スパイス

フーチバー
ヨモギのこと。スープに浸すと風味が劇的に変化

紅ショウガ
豚骨スープとの相性は抜群。見た目も鮮やか

94

進化系
沖縄そばに
大注目！

STAND EIBUN（すたんど えいぶん）では麺やかまぼこにアーサ（海藻の一種）を練り込んだEIBUNのアーサそば1250円など、沖縄そばの基本は残しつつ工夫を凝らしたスープが人気を集めています。
☎080-7178-1187 MAP P147D4

[首里]
しゅりそば
首里そば

歯ごたえに驚く手打ち麺

この店の特徴は、手もみに時間をかけた唯一無二の手打ち麺。噛んで味わうといわれるほどしっかりとした歯ごたえは、存在感たっぷり。切れ味の鋭いさっぱりスープもクセになりそう。
☎098-884-0556 住那覇市首里赤田町1-7
⏰11時30分〜売り切れ次第終了 休日・木曜 交首里駅から徒歩4分 P7台 MAP P157C3

14時ごろに売り切れることも

透明で塩味のきいたスープはカツオの一番だしのみを使用

首里そば（中）500円

麺にヨモギを練り込み鮮やかな緑色。口の中でヨモギの香りが広がる

フーチバーそば（中）910円

[那覇]
めんどころてぃあんだー
麺処てぃあんだー

自家製生麺をつるりと食す

数日間熟成させた自家製麺は、コシの強さとツルッとしたのど越し。透明感のあるスープはカツオが香り、上品な味わい。麺は太麺と細麺から選べる。
☎098-861-1152 住那覇市天久1-6-10
⏰11時〜14時30分（売切れ次第終了）休月・火曜 交おもろまち駅から徒歩15分 Pなし
MAP P145D1

カフェのような店内は女性客にも好評

[中部]
たかえすそば
高江洲そば

ゆし豆腐そばを生んだ名店

創業40年以上になる老舗で、県内各地の店で見かけるゆし豆腐そばはこの店が発祥。ふわふわとしたゆし豆腐の塩味と豚骨ベースのスープが見事に調和。ソーキそば（中）850円も人気。
☎098-878-4201 住浦添市伊祖3-36-1
⏰10〜16時（売り切れ次第終了）休日曜 交西原ICから車で10分 P25台 MAP P148B3

店内はテーブル席と座敷席がある

おぼろ豆腐のようなゆし豆腐と塩味の軟骨ソーキも絶妙

ゆしどうふそば（大）800円

 昭和53年（1978）10月17日、正式に沖縄そばの名称が認められたことから、毎年10月17日は「沖縄そばの日」とされています。

食堂メニューの大定番、チャンプルーははずせません

チャンプルーとは炒め料理のこと。島豆腐や野菜をだし汁や塩、
コショウなどでしっかりと調味しているので、ごはんのおかずに最適です。

豆腐チャンプルー 550円

沖縄そばのだしに味噌を絡め、炒め煮の要領で調理。豆腐に味がしっかり染み込んでいる。

メイン食材はコレ！

島豆腐

那覇
たからしょくどう
高良食堂

財布にも身体にもやさしい沖縄料理

牛肉おかず680円など安価なメニューが多く地元客からも愛されている人気店。オープン当初から油を控えめに調理しているため、身体にやさしく、毎日通う人もいるほど。

☎098-868-6532 ⊛那覇市若狭1-7-10 ⏰10時30分～19時30分 LO（木曜は～14時45分LO）休木曜 交県庁前駅から徒歩12分 P10台 MAP P144C2

50年近く営業。時間帯を問わず客が訪れる人気店だ

ゴーヤーチャンプルー定食 850円

輪切りにしたゴーヤーを、島豆腐やポーク缶などとサッと炒める。卵でとじてまろやかに。

メイン食材はコレ！

ゴーヤー

那覇
はながさしょくどう
花笠食堂

沖縄食堂の魅力が凝縮された有名店

アイスティーが飲み放題、定食のご飯は、玄米、白米、赤飯から選べるなど、独特のシステムで人気を集める。沖縄ちゃんぽん850円や中味汁定食950円など沖縄料理全般が揃い、どれもボリューム満点。沖縄食堂を代表するような存在だ。

☎098-866-6085 ⊛那覇市牧志3-2-48 ⏰11～14時、18～19時 LO 休木曜 交牧志駅から徒歩10分 Pなし MAP P147D3

国際通り近く、遠くからでも目立つ黄色の看板とショーケースが目印

沖縄ではパパイヤが野菜炒めに？？

沖縄では、パパイヤはフルーツではなく、野菜として利用されます。栄養価が高く健康にも◎。写真は**家庭料理の店まんじゅまい**のまんじゅまい（パパイヤ）炒め定食850円。
☎098-867-2771 (MAP)P146B1

メイン食材はコレ！

車麩

†
麩ちゃんぷる
770円

卵に浸して炒めた麩はフワッとした食感。タマネギやニンジン、コンビーフハッシュと具もたくさん。

[那覇]
やんばるしょくどう
やんばる食堂

多彩な料理が自慢の老舗食堂

昭和49年（1974）創業の歴史ある大衆食堂。メニューの数は約80種類。黄色い見た目のカレーライス715円や具だくさんのみそ汁715円、ゆし豆腐715円など興味を引く料理が並び、昔ながらの沖縄の食堂スタイルを今に残している。
☎098-854-3781 (住)那覇市長田2-5-24 (時)11時〜21時30分LO (休)火曜 (交)安里駅から車5分 (P)5台 (MAP)P145E4

セルフサービスのレモンティ（無料）も人気の理由のひとつ

メイン食材はコレ！

素麺

†
ソーメンチャンプルー
650円

茹でた素麺にニラやツナを加えて炒めたもの。塩、コショウで味を付け、シンプルに仕上げる。

[那覇]
おしょくじどころ みかど
お食事処 みかど

時間を気にせず沖縄料理が楽しめる

閉店時間が早い傾向にある沖縄の食堂にあって、深夜まで営業。遅めの夕食にも対応しているありがたい存在。定番沖縄料理を揃えるメニューはどれもリーズナブル。ご飯の上に野菜炒めが盛られたちゃんぽん850円は、店の名物。
☎098-868-7082 (住)那覇市松山1-3-18 (時)8〜24時LO (休)旧盆、母の日 (交)県庁前駅から徒歩8分 (P)なし (MAP)P146A2

国道58号沿い。喫茶店風の店構えで初めてでも入りやすい

📖 食堂では、定食と記載なしでもごはんと汁物付きがほとんどです。「チャンプルーとご飯」とオーダーするとご飯が2膳出てくるのでご注意を。

南国の太陽が育んだ自然の恵み、島野菜料理を召し上がれ

ミネラル豊富な土壌で育まれた島野菜は、沖縄料理に欠かせない存在です。
栄養たっぷりの素材を生かしたヘルシーメニューは、気持ちまで健やかに満たしてくれます。

北部
かふぇこくう
カフェこくう

和食×マクロビのゆるベジごはん

今帰仁村の小高い丘の上に立ち、和食とマクロビの良さを取り入れたメニューが評判。今帰仁村の契約農家から仕入れる野菜はどれも味が濃く、野菜メインにも関わらずしっかりおなかいっぱいに。

☎0980-56-1321 🏠今帰仁村諸志2031-138 🕐11時30分〜18時（フードは〜16時30分LO）🈲日・月曜 🚉許田ICから車で50分 🅿30台
MAP P154B2

赤瓦屋根の建物が青空に映える

海を望む縁側席

10種類以上の島野菜が味わえるこくうプレート1700円

(沖縄の代表的な 島野菜)

沖縄の長寿を支えてきた伝統的な島野菜をご紹介。どれも独特といえるが、共通するのはその栄養価の高さ。沖縄の強い日差しを浴びて育つため、ビタミンやミネラルが豊富に含まれているという。

ゴーヤー

通年。沖縄を代表する夏野菜。ビタミンCを豊富に含み、苦味は食欲増進の効果も

ナーベーラー

7〜9月が旬。開花から約2週間の若い実が食用となる。味噌煮にして食すことが多い

島らっきょう

12〜6月に収穫。ネギに似た強い辛味と香りが特徴。塩漬けや天ぷらにして食べる

薬膳朝食3850円。この日はニガナの白和えなど21種類

オーナーの渡辺さんがにこやかに迎えてくれる

国際通りからすぐの場所に立つ

那覇
おきなわだいいちほてる
沖縄第一ホテル

ヘルシーな朝食で1日をスタート

医食同源の考えに基づいた薬膳朝食は50品目に及ぶにも関わらず、わずか585kcal。野菜ソムリエプロと国際中医薬膳師の資格を持つスタッフが監修した、免疫などを高める料理が評判。

☎098-867-3116 🏠那覇市牧志1-1-12 🕐8・9時の1日2回の入れ替え制（前日までに要予約）🈲無休 🚉美栄橋駅から徒歩8分 🅿5台
MAP P146C2

やんばるの
"恵み"を
いただきます！

なごアグリパーク内にあるCookhal（くっくはる）。やんばるのハルサー（農家）たちが丹精込めて育てた無農薬野菜などを使用したプレート料理を提供。
☎0980-43-7170 **MAP** P154C4

那覇
しょくどうふぁいだま
食堂faidama
個性豊かな島野菜を味わう

「島の食材に親しんでもらいたい」と食べやすく工夫を凝らした料理を考案。魚、野菜、八重山そばなどの定食が楽しめ、特に野菜は店主の父が畑で栽培した物を中心に取り入れている。

☎098-953-2616 **住**那覇市松尾2-12-14
時11〜15時（売切次第閉店）**休**月〜水曜 **交**牧志駅から徒歩10分 **P**なし **MAP** P147D3

シンプルでスタイリッシュな店内

店内では野菜の販売も

季節の野菜をふんだんに使った野菜が食べたい日の定食1540円

島ニンジン	ハンダマ	紅イモ	青パパイヤ
11〜2月ごろが旬。カロテンを多く含み、古くは滋養食として重宝されたという	11〜5月まで収穫。鉄分が豊富。赤紫色の葉はポリフェノールが多く含まれ抗酸化作用も	食べ頃は10月中旬〜1月。デンプンやぶどう糖、ビタミンを含む。上品な甘さ	5〜8月ごろが旬。熟す前のパパイヤを野菜として食す。パパイヤチャンプルーが美味

食材の持ち味を生かした長寿膳3200円

こちらも

まかちくみそーれ
ランチ2100円

北部
えみのみせ
笑味の店
長寿の里の食材をふんだんに

「長寿の里」として知られる大宜味村で昔から食されていた薬草の数々を、管理栄養士の金城笑子さんが調理。「高齢者の普段の食事を詰めた」という長寿膳は、まさに健康の源だ。

☎0980-44-3220 **住**大宜味村大兼久61
時9〜16時LO（食事は11時30分〜）完全予約制 **休**火〜木曜 **交**許田ICから車で45分 **P**10台 **MAP** P155F1

温もりに溢れた素朴な佇まい

 島野菜をはじめ、島豚、島魚、島マース（塩）など、沖縄の食材には「島」の字が付くのが特徴です。

食べておきたい うちなー料理、
沖縄居酒屋で夜ごはん15食

いろんな沖縄料理が食べたいなら、豊富なメニューを揃える居酒屋がおすすめです。
定番はもちろん、絶品と称されるオリジナルにもぜひチャレンジしてみましょう。

ここで食べられます
Ⓐ Ⓑ Ⓒ

最もポピュラーな沖縄料理

ゴーヤーチャンプルー 713円 📷Ⓐ
輪切りにしたゴーヤーを、島豆腐や卵と合わせて炒めた料理

ここで食べられます
Ⓐ Ⓑ

王朝時代は宮廷料理でした

ラフテー 950円 📷Ⓐ
泡盛を加えて煮た沖縄風豚の角煮。箸で切れるほどやわらか

ここで食べられます
Ⓐ Ⓑ Ⓒ

沖縄の県魚をいただきます！

グルクン唐揚 820円 📷Ⓑ
グルクン（タカサゴ）を唐揚げに。せんべいのように骨まで食べられ香ばしい

ここで食べられます
Ⓐ Ⓑ Ⓒ

モチモチ食感がクセになる

ジーマーミ豆腐 594円 📷Ⓐ
落花生をすり潰し、豆腐状に固めたもの。甘いタレでいただく

ここで食べられます
Ⓐ Ⓑ Ⓒ

コラーゲンたっぷりで美容に◎

足てぃびち 950円 📷Ⓐ
テビチともよばれる豚足料理。長時間煮込み、やわらかな食感に

ここで食べられます
Ⓐ Ⓑ Ⓒ Ⓓ

お酒とよく合う居酒屋メニュー

島ラッキョウの天ぷら 690円 📷Ⓑ
ネギに似た辛味のある島らっきょうをサクサク食感の天ぷらで

ここで食べられます
Ⓐ Ⓑ Ⓒ

ヘチマも立派な食材です

ナーベーラーみそ煮 780円 📷Ⓑ
ナーベーラー（ヘチマ）はナスのような食感。白飯との相性も抜群

ここで食べられます
Ⓐ Ⓑ Ⓒ

泡盛のベストパートナー

トーフヨー 620円 📷Ⓑ
島豆腐を米麹や紅麹、泡盛で漬け込んだもの。チーズのような風味

ここで食べられます
Ⓐ Ⓑ Ⓒ

行儀良く並ぶ小魚が目を引く

スクガラス豆腐 357円 📷Ⓐ
スクガラス（アイゴの稚魚の塩漬け）の塩気が島豆腐と絶妙にマッチ

📷 料理写真を撮影した店。※値段は取材店以外は目安です。

泡盛マイスターのいる
お店なら
初心者も安心

県内全酒造所の銘柄や20年以上の
希少な古酒も揃える**カラカラとちぶ
ぐゎ～**。自分好みの泡盛が知りたい
時は、泡盛マイスターの資格をもつ
店主に聞いてみましょう。
☎098-861-1194 MAP P146B2

ここで食べられます

ここで食べられます
C

イマイユ（鮮魚）
のダシが決め手

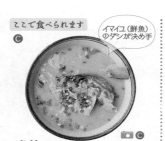

魚汁 880円
ぶつ切りにした魚を煮込んだ味噌汁。
魚の旨みがスープに溶け出し、美味

ここで食べられます
C

ふっくらとした
白身が旨い！

魚煮付け（量り売り）
ミーバイ（ハタ）などの近海魚を、醤油
ベースのタレで煮込んだ料理

A 古酒と琉球料理 うりずん
くーすとりゅうきゅうりょうり うりずん

創業50年以上の有名店。沖縄の全酒
造所の泡盛銘柄を取り揃えているほか、
数多くの沖縄料理が楽しめる。
☎098-885-2178
住那覇市安里388-
5 ◐17時30分～23
時LO 休無休 交安
里駅から徒歩すぐ P
なし MAP P147F2

ここで食べられます
A

うりずん発祥の
創作メニュー

ドゥル天 713円
田芋を練り上げた伝統料理ドゥルワカ
シーをコロッケ風にアレンジ

ここで食べられます
A B

意外なほど上
品な味わい！

中身の吸物 594円
丁寧に下ごしらえした豚の内臓を、
カツオ仕立ての吸物に

**B 郷土料理あわもり
ゆうなんぎい**
きょうどりょうりあわもり ゆうなんぎい

沖縄料理をひととおり揃える老舗。
☎098-867-3765 住那覇市久茂地3-3-
3 ◐12～14時LO、
17時30分 ～21時
30分LO 休日曜、祝
日 交県庁前駅から徒
歩4分 Pなし
MAP P146B3

ここで食べられます
D

塩のみでシン
プルに味付け

塩ナンコツソーキ 660円
トロトロになるまで煮込んだなんこつ
は泡盛とも好相性

ここで食べられます
D

箸休めとして
もぴったり

スルルーの南蛮漬け 420円
するるーとはきびなごのこと。ピリッと
した辛さが食欲をそそる

**C 海産物料理と
泡盛の店 なかむら家**
かいさんぶつりょうりとあわもりのみせ なかむらや

元は鮮魚店。沖縄の新鮮な海の幸が味
わえる。定番沖縄料理も揃う。☎098-
861-8751 住那覇市
久茂地3-15-2 ◐17
時～21時20分LO
休日曜、祝日 交県庁
前駅から徒歩5分 P
なし MAP P146B2

D 小梅
こうめ

定番の沖縄料理はもちろん、沖縄そば
麺を使ったナポリタン680円など工夫を
凝らした料理が目を引く。☎098-800-
1943 住那覇市安
里1-3-3 ◐11～22
時LO
休火曜 交牧志駅か
ら徒歩3分 Pなし
MAP P147F1

📖 アルコール度数が高く「きついお酒」のイメージがある泡盛ですが近年泡盛を使ったハイボールが登場。飲みやすく人気です。

本場さながらの味とボリューム！
テンションあがるアメリカングルメ

鉄板で豪快に供されるステーキに、思わずかぶりつきたくなるこだわりバーガー。
アメリカナイズされたボリュームたっぷりのグルメを、ぜひご賞味あれ。

那覇
じゃっきーすてーきはうす
ジャッキーステーキハウス

沖縄ステーキ界のレジェンド

戦後まもない昭和28年（1953）に店をオープンし、米軍統治時代には米軍が発行した営業許可証「Aサイン」を掲げ、多くの米兵で賑わった。現在もその人気は衰えることを知らず、沖縄ステーキの名店として地元だけでなく全国的にも知られる存在に。写真のテンダーロインステーキをはじめ、アツアツの鉄板で提供されるステーキは弾ける脂やあふれでる肉汁がたまらない。

☎098-868-2408 🏠那覇市西1-7-3 🕐11～22時 🈳水曜 🚃旭橋駅から徒歩8分 🅿11台 **MAP**P144B2

テンダーロインステーキ(L)250g3800円(スープ、サラダ、パンorライス付き)

店の入口には混雑状況を知らせる信号機も！

ボックス席が並ぶ店内は常に活気に満ちている

タコス(5P)750円。パリパリの皮にタコミートやレタスがたっぷり

脂身が少なく肉質もやわらかなテンダーロインステーキ200g4125円(スープ、サラダ、パンorライス付き)

ハンバーガーサンド715円

県内に10店舗を構え利用しやすいのもうれしい

那覇
すてーきはうすはちはち つじほんてん
ステーキハウス88 辻本店

地元に愛される人気チェーン

さまざまな好みに対応できるよう、ステーキだけでも常時10種類以上を用意。メニュー表にはおすすめの焼き加減などが記載され、初めてでも選びやすい。店のオリジナルソースは購入することも可能。

☎098-862-3553 🏠那覇市辻2-8-21 🕐11時～午前1時LO 🈳無休 🚃県庁前駅から徒歩15分 🅿専用30台（コインパーキング式） **MAP**P144B2

雰囲気もステキ
異国感ただよう
アメリカンダイナー

アメリカの田舎町を思わせるクラシカルな雰囲気が魅力のThe Rose Garden。エッグベネディクト1430円～をはじめ、ダイナーならではの大祭なメニューが揃います。
☎098-932-2800 MAP P148C2

北谷

ごーでぃーず
GORDIE'S

肉肉しさがダイレクトに！

店内は1950年代のアメリカの田舎町にあるバーガーショップをイメージ。外国人客からも支持されるバーガーは、自家製バンズに粗めに挽いたビーフ100%のパティ。炭火でしっかりグリルすることで香ばしさが後を引く。
☎098-926-0234 住北谷町砂辺100 🕐11時～19時30分LO 休不定休 交沖縄南ICから車で10分 P30台 MAP P148B1

ダブルチーズバーガー（単品）1551円
シンプルにパティのおいしさを楽しめる人気メニュー

カウンターやテーブル席などレトロカワイイ雰囲気

本部

きゃぷてん かんがるー
Captain Kangaroo

個性派揃いのこだわりバーガー

20時間以上煮込んで作るバーベキューソースが自慢のバーベキューバーガーや、季節のやんばるピクルスを取り入れたルースペシャルバーガーなど。個性的なオリジナルバーガーが味わえると評判。
☎0980-43-7919 住本部町崎本部930-1 🕐11時～16時30分LO 休月の最終水曜 交許田ICから車で30分 P20台 MAP P154A3

スパーキーバーガー1400円
ジューシーなパティにカリカリベーコン、オニオンフライの最強コラボ

早めに売切れる場合があるので要注意

こちらもチェック メキシコで生まれアメリカ経由で沖縄へ

金武

きんぐたこすきんほんてん
キングタコス金武本店

タコライス発祥の名店

今や沖縄グルメの定番となったタコライスは昭和59年（1984）にこの店で考案され、全国区で知られるメニューに。タコス（4P）800円などもある。
☎090-1947-1684（案内）住金武町金武4244-4 🕐10時30分～21時 休無休 交金武ICから車で6分 P専用駐車場あり MAP P151E1

▲タコライスが描かれた看板が目を引く

▲タコスの具をご飯の上にのせたタコライスチーズ野菜800円

宜野湾

たこすせんもんてん めきしこ
タコス専門店メキシコ

シンプルミートが味の決め手

メニューはタコスのみ。先代から40年以上作り続けるタコスは、モチっとしたソフトタイプのトルティーヤに塩を利かせたシンプルミートが絶妙にマッチ。
☎098-897-1663 住宜野湾市伊佐3-1-3 🕐10時30分～18時（売切れ次第終了）休火・水曜 交北中城ICから車で8分 P10台 MAP P148C2

▲旅行に来たら必ず立ち寄るという観光客も

▲自家製ミートでさっぱりと食べられるタコス1人前740円

 恩納村にあるシーサイドドライブイン（MAP P151F4）はアメリカ統治下時代の1967年に開業。ネオンサインなど当時の雰囲気が残ります。

ふむふむ
コラム
fumu fumu

琉球民謡を楽しむために知っておきたいこと

沖縄居酒屋では琉球民謡を聴くことができる店がいくつかあります。
陽気なメロディにのせて、うちなーんちゅの心を唄う沖縄の民謡。
その特徴などを勉強して、民謡ライブをより楽しいものに。

沖縄の音楽といえば琉球民謡

うちなーんちゅの日常生活と密接に結びつき、
現代でも宴席や祭りなどで日常的に聞くことができます。

琉球民謡って？

沖縄民謡、島唄ともよばれている琉球民謡。テレビやラジオ、店舗のBGMなどにも多く使われ、沖縄に行かずとも耳にする機会は多くなった。その独特かつキャッチーなメロディーは、**西洋音階の「レ」と「ラ」を抜いた琉球音階**によるもので、琉球民謡最大の特徴といえる。また、日本本土各地の民謡がいわゆる古典であるのに対し、**琉球民謡は古典のみならず、毎年のように新曲が誕生し続けている**のも大きな特色の一つ。「活きた民謡」とも称される所以だ。

琉球民謡の起源は古くから伝承されて来た地唄や古謡といわれているが、三線を用いたスタイルになったのは15世紀ごろと考えられる。中国から伝来した三弦が改良されて三線となり、赤犬子（あかいんこ）という人物により、三線音楽が始まったとの伝承がある。三線が庶民の間にも普及すると、宴席や集会などで三線をつま弾きながら琉球民謡に興じることが一般化した。そのスタイルは現在でも変わることなく受け継がれており、琉球民謡はうちなーんちゅの日常風景に溶け込んでいる。

民謡を奏でる楽器や小道具

唄者

琉球民謡の歌い手のことで、男女を問わず年齢層も幅広い。CDを出している唄者も

三線 (さんしん)

琉球王朝時代に中国から伝わった沖縄を代表する楽器。主にメロディ部分が奏でられる

締太鼓 (しめだいこ)

平太鼓と合わせて伴奏に使う。写真は据え置き型の太鼓。心地いい重低音を響かせる

三板 (さんば)

左手指の間につるして使用。左手で挟み打つ奏法と、右手指でトレモロ風に打つ奏法がある

パーランクー

鋲留めした片張りの太鼓。直径は20cmほどで、胴枠を左手に持ち、右手のばちで叩く

四つ竹 (よつだけ)

古典的な琉球舞踊で用いられ、カスタネットの要領で音を鳴らす。小道具的に扱われることも

協力…ライブハウス島唄

カチャーシーの踊り方教えます

三線の軽快なリズムに合わせ、聴衆と演者が一体となって踊る沖縄的手踊り。
民謡ライブのシメに欠かせない余興の一つなのでぜひ覚えておこう。

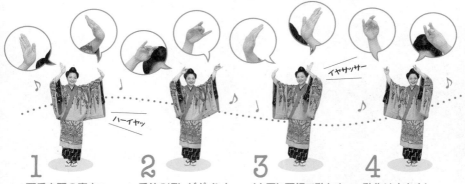

ハーイヤッ　イヤサッサー

1 両手を頭の真上へ

まずは腕をのばして両手を頭上へ。手のひらをやや右に向け、両手でドアを開けるように右へ流す。この時、手首から先に移動するイメージ。

2 手首の返しがポイント

右へ流したら今度は指先を下にして手の甲を上に向ける。そのまま何かをつまみ上げるイメージで手を軽く持ち上げ、手首を左にクルッと返す。

3 1と同じ要領で動かす

手首を返したら手のひらは左に向いているはず。1で開けたドアを今度は閉めるイメージで両手を左へ流す。この時、指を揃えると見映えがする。

4 動作は大きく!

2と同じ要領で、今度は左へ流した手首を右に返し、1に戻る。リズムに合わせてステップを踏みながら一連の動きをくり返す。笑顔も忘れずに!

沖縄音楽が気軽に楽しめる民謡居酒屋

沖縄音楽の魅力を知るにはライブを体験するのがいちばん。
沖縄料理と泡盛を堪能しながら、演者渾身のステージに酔いしれたい。

らいぶはうすしまうた
ライブハウス島唄

全国的知名度を誇るネーネーズのライブは必見。ポップスにバラードと、健やかなハーモニーで観客を魅了する。
☎098-863-6040 🏠那覇市牧志1-2-31ハイサイおきなわビル3階 ¥ライブチャージ2310円 🕐18~22時LO(ライブ開演時間は要問合せ)休水曜、その他不定休あり🚶県庁前駅から徒歩10分 ℗なし
MAP P106C3

いざかや あっぱりしゃん
居酒屋あっぱりしゃん

石垣牛のコロッケ680円など八重山地方の食材を使った郷土料理が味わえる。アップテンポから心に沁みる歌まで、八重山民謡の歌い手でもある店主が披露する島唄ライブにも注目したい。
☎098-861-1112 🏠那覇市久茂地3-23-8 2階 ¥ライブチャージ無料 🕐17時30分~24時LO休不定休(要問合せ)🚶ゆいレール県庁前駅から徒歩3分
MAP P106B2

らいぶあんどいしょくや かなぐすく
ライブ&居食屋 かなぐすく

県出身の若手女性歌手が沖縄民謡からオリジナル曲まで、さまざまな楽曲を歌い上げる。沖縄方言を取り入れた軽妙なトークなどが人気を集めている。
☎098-862-8876 🏠那覇市松尾1-3-1エスプリコートビル2階 ¥ライブチャージ1100円 🕐16~23時(ライブは19時~、20時~、21時10分~)休火曜 🚶県庁前駅から徒歩5分 ℗なし
MAP P106B3

沖縄グルメ●【ふむふむコラム】琉球民謡を楽しむために知っておきたいこと

口いっぱいに甘みが広がります。
トロピカルな沖縄スイーツに夢中

暑い沖縄だから、冷たいスイーツはありがたい存在です。
たっぷりのトロピカルフルーツと一緒に南国の味を召し上がれ。

❖決め手
マンゴー

南国果実が
キラキラ☆

**アイスマウンテン
（かき氷）
トロピカルフルーツ**
1780円
山盛りの氷にマンゴーなど季
節のフルーツを盛り付け
※フルーツは時期により異なる

決め手
ドラゴンフルーツ

那覇
せんにち
千日

創業60年以上、沖縄ぜんざい発祥
店ともいわれる老舗。地元では日常
的なおやつとして親しまれ、親子三代
に渡るファンもいるのだとか。

☎098-868-5387 🏠那覇市久米1-7-
14 🕐11時30分〜19時 休月曜（祝日の場
合は翌日）🚉旭橋駅から徒歩8分 🅿1台
MAP P144C2

レトロな趣を感じる
味のある店内

中部
りゅうぴん
琉冰 Ryu-pin

トロピカルフルーツをジュースやスム
ージーで楽しめる。

☎090-5932-4166 🏠恩納村仲泊1656-9
（おんなの駅なかゆくい市場内）🕐10時〜18
時45分LO（11〜2月は 〜17時45分LO）
休無休 🚉石川ICから車で10分 🅿150台
MAP P151F4

ベンチやテーブルも多く
休憩にぴったり

❖決め手
金時豆

思わずホッと
する元祖の味

まるで美肌の
サプリメント

**レッドドラゴン
スムージー**
890円
氷や砂糖を使用せずドラ
ゴンフルーツやマンゴー、パ
インの甘味がダイレクトに

那覇
びた すむーじーず
Vita Smoothies

新鮮な果物を使ったスムージーは常
時20種類用意。マンゴーやゴーヤー
など、ビタミンたっぷりでヘルシー。

☎098-863-3929 🏠那覇市牧志2-17-
17 🕐11時30分〜17時45分LO 休火・水
曜 🚉美栄橋駅から徒歩2分 🅿なし
MAP P146C1

❖決め手
ドラゴンフルーツ

アイスぜんざい
400円
年季の入った機械で削る
フワフワの氷とふっくらした
金時豆が絶妙

季節限定メニューなども
見逃せない

スイーツで使われる南国フルーツ

アップルマンゴー
旬●7～8月
やわらかい果肉と濃厚な甘さが特徴

パイナップル
旬●6～9月
沖縄を代表する果物で酸味と甘みが絶妙

ドラゴンフルーツ
旬●7～9月
見た目がインパクト大！淡白な味わい

島バナナ
旬●4～11月
モンキーバナナと異なり、酸味は強め

グァバ
旬●8～11月
香りが強くシャリシャリとした独特の食感

スターフルーツ
旬●10～3月
カットすると星型に！食感は梨のよう

沖縄グルメ ● トロピカルな沖縄スイーツに夢中

鮮やかな黄色とピンクで見た目もカワイイ

◆決め手
無農薬フルーツ

ドラゴンフルーツの マーブル島スムージー
880円
本部町の農家から仕入れたドラゴンフルーツを使用。マーブル模様がかわいらしい

北部
おきなわさん
okinawasun

備瀬のフクギ並木（☞P50）からほど近い場所にあり、カラフルでかわいい建物が目を引く。無農薬・自家栽培にこだわった野菜やフルーツを使ったスムージーが評判。
☎090-9473-0909　住本部町備瀬224　🕐9～16時　休日曜、不定休　交許田ICから車で1時間　🅿なし　MAP P154A1

SNS映えする店構えがステキ

北部
あいすくりんかふぇ あーく
アイスクリンカフェ アーク

昭和50年（1975）に創業し、沖縄の名物・アイスクリンが味わえる直営店。バニラをはじめパインやマンゴーなど常時10種類。洋館風の建物で海を眺めながら味わいたい。
☎0980-51-6565　住本部町浜元950-1　🕐13～18時　休不定休（SNSで要確認）交許田ICから車で45分　🅿30台　MAP P154A2

どこから撮っても絵になる！

海を望むテラスもある

◆決め手
マンゴー

3種盛り フルーツトッピング
860円
パインやキウイなど季節のフルーツをトッピング。アイスは3種類を自由に選べる

白熊
750円
なんとかき氷3人分。氷の下の甘い金時豆も人気の秘密

とぼけた表情に癒やされます～

◆決め手
高さ約30cm

南部
いなみねひやしものせんもんてんおしょくじどころ
いなみね冷し物専門店 お食事処

愛嬌たっぷりの巨大かき氷「白熊」が有名。白熊ミニ650円のほか、沖縄そば（小）550円など食事も充実。
☎098-995-0418　住糸満市糸満1486-3　🕐11～18時LO　休火曜　交豊見城・名嘉地ICから車で15分　🅿10台　MAP P142A3

食事メニューも多く食堂としても利用できる

 ヘルシーフルーツとして有名なシークヮーサーをはじめ沖縄は柑橘類も豊富です。10～3月ごろ、本部町ではミカン狩りも開始されます。

ふむふむコラム fumu! fumu

沖縄生まれ、沖縄で人気の 食のブランド図鑑

沖縄生まれ、もしくは沖縄に密着した4つのブランドを紹介します。
いずれも、おなじみのブランドなので、滞在中一度は試してみたいものばかりです。

「沖縄生まれ」のブランド

沖縄の酒席には欠かせません

おりおんびーる
オリオンビール

創業 1957年
名前の由来
南の空に輝くオリオン座が沖縄のイメージにマッチ。

沖縄で最も飲まれているビールがコレ。ビール作りに理想的な環境で作られたビールは、鮮度抜群だ。マイルドな口当たりとすっきりとした味わいが、沖縄の気候にぴったり。

ここを見学
おりおんはっぴーぱーく
オリオンハッピーパーク

オリオンビールの生産ラインが見学できる施設で、所要時間は約60分。もちろんビールの試飲も可能だ。
☎0570-00-4103（工場見学予約番号）住名護市東江2-2-1 ¥無料 ⏰公式HP、電話にて要問合せ 休水・木曜 交許田ICから車で15分 P20台
MAP P153D1

❶オリオンドラフトビール
スーパーやコンビニなどで販売
❷生ビール
沖縄居酒屋の定番

ゴーヤーバーガーなど沖縄路線をゆく

じぇふ おきなわ
Jef沖縄

設立 1986年
名前の由来
創業者の名前かと思いきやJapan Exellent Foodsの略称。

2024年5月現在3店舗を展開する沖縄生まれのファストフード店。1993年に発売を開始したゴーヤーバーガー400円、沖縄方言をメニュー名にしたぬーやるバーガー450円は根強い人気。

ここで食べたい
じぇふとみぐすくてん
Jef豊見城店

県産野菜を使ったバーガーなど、オキナワナイズされたメニューが揃う。
☎098-856-1053 住豊見城市田頭66-1 ⏰6時30分〜23時 休無休 交豊見城・名嘉地ICから車で2分 P66台
MAP P142A2
※表示価格は2024年5月31日現在

❶ゴーヤーリング
クリスピーな食感が◎。Sサイズ250円
❷ゴーヤーバーガー
玉子でとじたゴーヤーをパテにしたオリジナルメニュー

沖縄に根ざしたブランド

風味が独特な本場のルートビアを

えいあんどだぶりゅおきなわ
A&W沖縄

創業 1963年
名前の由来
Aはアレン、Wはライト。創業者二人の頭文字を冠している。

1919年アメリカで創業。1963年、沖縄第一号店にして日本初のファストフード店となる屋宜原店が開店。A&Wの代名詞、ルートビアは今や沖縄名物の一つとして数えられる存在に。

ここで食べたい
えいあんどだぶりゅまきみなとてん
A&W牧港店

大振りなハンバーガーやスパイシーなポテトなど、アメリカンなメニュー展開。ドライブインもあり便利。
☎098-876-6081 住浦添市牧港4-9-1 ⏰24時間 休無休 交西原ICから車で8分 P100台 MAP P148B3

❶ルートビア（R）
ハーブなどを使用したノンアルコール飲料。280円
❷ザ★A&Wバーガー
840円

コクがありつつ後味さっぱり

ぶるーしーる
ブルーシール

創業 1948年
名前の由来
ブルーリボン賞の称号である「ブルーシール」が由来。

1948年沖縄の米軍基地に駐留する米軍関係者へ乳製品を供給するためミルクプラントを米軍基地内に設立。1963年牧港へ拠点を移し、2024年5月現在沖縄県内に直営店舗が10軒営業。

ここで食べたい
ぶるーしーる ちゃたんてん
ブルーシール 北谷店

沖縄らしいフレーバーなど常時20種類以上。軽食やオリジナル商品も購入できる。
☎098-936-9659 住北谷町美浜1-5-8 ⏰11〜22時 休無休 交沖縄南ICから車で10分 P30台
MAP P148C1

❶ソフトクリーム
さっぱりとしながらもコクのある味わいが特徴。380円〜
❷ブルーウェーブレギュラーシングル
380円

大切な人へ贈りたくなる
南国のおみやげを探しませんか

紅型のあしらいがかわいいお財布や
紋様が特徴的な琉球ガラスとやちむん。
沖縄には色彩豊かなおみやげがいっぱい。
友達や家族、そして自分への記念にお買いもの。

紅型、琉球ガラス、やちむん…
沖縄の逸品をおみやげに

気の利いたハンドメイドの雑貨やアクセも豊富な沖縄。
自分へのおみやげに購入してみてはいかがです？

**海の生き物
たちが
いっぱい**

リム皿（サンゴブルー）
（小）3300円〜
ミニカップ 各1980円
金城有美子さんの作品。ブ
ルーやピンクなど南国的な
色彩が美しい A

紅型染めがま口
（大）2800円、（小）1800円
ウミガメやマンタなど海の生き
物たちをデザイン。落ち着いた
色使いで普段使いしやすい B

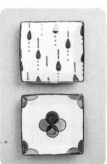

幸せを感じる明るい色合い

**紅型染め
ポケットティッシュケース** 950円
定番のシーサーをかわいらしくデザイン。
縫製も工房で行っている B

**アレコレ
入れたくなります**

カメやハイビスカスなどバリエ豊富

**そばちょこカップ
輪描き**（右）
プリズム（左）
各2500円
ドリンクやお菓子はもちろん、
小物入れにもよさそう C

**キュートな
やちむん**

角皿 しずく（上）
四つ輪（下）2160円〜
壺屋焼独特の色彩とかわ
いらしさが見事に調和 C

那覇市
てぃとぅてぃ おきなわん くらふと

tituti OKINAWAN CRAFT A

陶芸、紅型、織物と異なる分野の作
家が運営。暮らしになじむ作品を提
案し沖縄の工芸の魅力を発信してい
る。☎098-862-
8184 住那覇市牧志
3-6-37 ◎9時30分〜
17時30分 休火曜 交
牧志駅から徒歩10分
Pなし MAP P147D3

名護市
びんがたきじむなーこうぼう

紅型キジムナー工房 B

沖縄の植物や生き物をモチーフに、
伝統の紅型にアレンジを加えた作品
はデザインから型彫り、製作まで夫婦
で手掛けている。☎0980-54-0701 住
名護市宇茂佐178
◎10〜17時 休不定
休 交許田ICから車
で15分 P3台
MAP P154C4

読谷村
いっすいがま

一翠窯 C

伝統の色合いや技法を残しつつ自由
な発想でアレンジしたデザインの食
器類は、どれも普段使いにしっくり馴
染む。☎098-958-0739
住読谷村長浜18 ◎9
〜17時 休不定休 交
石川ICから車で40分
P5台 MAP P150A2

沖縄の海みたい・・・

8寸鉢 黒晶／inno
1万2000円〜
黒地に黒い染付、そして中心にはビビットな配色が
印象的。直径24cmありサラダの盛付に合いそう F

お皿に表現された
沖縄の自然に癒やされそう

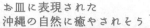

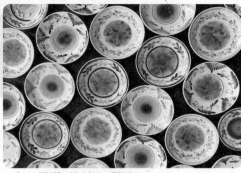

6寸皿 珊瑚、染付け、稲穂
各5500円〜
美しいお皿の数々。料理の盛り付けを考えるとワクワクします F

南国フルーツや
花などの柄も！

ミニバッグ
各5300円
乙女心をくすぐる
デザインは、地元
女子にも人気 D

海を感じさせる
やさしい色合い

ラグーングラス
1個3300円
慶良間の海を再
現したシリーズ。
プレートや花器も
ある E

那覇市
みむり
MIMURI D

島野菜や花など沖縄をモチーフにし
たデザインのバッグやポーチが揃う。

☎050-1122-4516 住那覇市松尾2-7-8
🕐10〜18時（金・土曜
は〜19時）休不定休
※SNS参照 交牧志駅
から徒歩12分 Pなし
MAP P146C3

名護市
ぐらすあーとあい
グラスアート藍 E

沖縄ならではの海や自然をモチーフと
したガラスアートを制作。琉球ガラス
を美しいフォルムで伝えている。

☎0980-53-2110
住名護市中山211-1
🕐9時30分〜17時 休
HPにて要確認 交許田
ICから車で25分 P10
台 MAP P154C3

中城
とうぼう ひふみ
陶房 火風水 F

中城湾を見下ろす高台にある陶房。
沖縄の自然や風土を美しい色彩で表
現した作品にファンが多い。☎098-
995-7331 住中城村
新垣126 🕐10〜12時、
13時30分〜17時（要
予約）休不定休 交北
中城ICから3km P2
台 MAP P148C3

📖 沖縄で塩のことはマースとよびます。魔除けの効果があると信じられ、自家用車の車内に袋ごと置いているうちなーんちゅが多いです。

ちんすこう、泡盛、紅いも菓子…
定番みやげはバラエティ豊富です

さまざまな銘柄が並ぶ泡盛に、進化系が注目を集めるちんすこうと紅いも菓子。
贈る相手に合わせたセレクトが楽しめる、多彩なバリエーションがうれしいです。

ちんすこう

琉球王朝時代、中国や諸外国の使者をもてなすために作られた伝統銘菓。小麦粉、砂糖、ラードで作られ、最近ではチョコや紅芋など、味の種類も豊富。

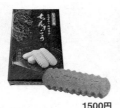

1500円

おきなわ屋ちんすこう
（15個入り）
昔ながらの味を絶対に変えてはいけないと、伝統の製法を守り受け継がれた手作りちんすこう

1500円

**おきなわ屋べにいもたると&
ちんすこう詰合せ**
（たると6個、ちんすこう12個入り）
べにいもたると、塩ブラックビターたると、紅芋ちんすこう、塩ちんすこうの4種類入り

864円

ちんすこうショコラ（ミルク）
（10個入り）
さっくりと焼き上げたちんすこうをマイルドなミルクチョコレートでコーティング

泡盛

500年以上前にタイから伝わったとされる日本最古の蒸留酒。タイ米と黒麹菌を主原料とし現在は47酒造所で作られている。泡盛リキュールの人気が上昇中。

1485円

瑞泉 青龍3年古酒 30度 720㎖
琉球王国時代の流れをくむ酒造所の酒。古酒ならではのまろやかな甘みが感じられる

2134円

玉友甕仕込5年古酒30度 720㎖
甕仕込み製法にこだわり5年熟成させた泡盛は甘い古酒らしい香りが漂う本格的な味わい

4400円

**琉球泡盛てぃんがーら
（石川酒造場）43度 360㎖**
2002年に蒸留した泡盛を長期熟成。濃厚な風味が特徴

紅いも菓子

鮮やかな紫色が目を引く、紅いもを使った菓子。ブームの火付け役、紅いもタルトを筆頭に、たくさんの紅いも菓子が販売され、注目を集めている。

1620円

元祖紅いもタルト（10個入り）
不動の人気を誇る逸品。県産の紅いもにこだわったペーストは、保存料・着色料不使用

1209円

アーモンドチョコレートサンド 紅いも（12個入り）
アーモンドたっぷりのガレット生地に、紅芋を使った色鮮やかなチョコレートをサンド

810円

紅いもみるくまん（5個入）
ミルク風味のやわらかな生地に、まろやかな甘さに仕上げた濃厚な紅いも餡を包んだ饅頭

こんなキャッチーな
伝統菓子も
あるんです

沖縄の祝い事には欠かせない首里
銘菓"のーまんじゅう"。朱で"の"の
字が書かれたまんじゅうには餡がぎ
っしり。販売店の**ぎぼまんじゅう**で1個
200円で販売しています。
☎098-884-1764 MAP P157C1

756円

南国ちんすこう
(16袋入り)
定番のプレーンほかゴーヤーや
シークヮーサー、泡盛など10
種類のフレーバーが楽しめる

810円

新垣ちんすこう
(10袋入り)
伝統に忠実に作ったこれぞ王
道のちんすこう。上品な甘さと
食感でお茶受けにもぴったり

810円

小亀6色ちんすこう詰合せ
(24個入り)
プレーン、黒糖、紅イモ、海塩、
ごま塩、チョコの6種類がひと
箱に入ったお得なセット

国際通り
おきなわやほんてん
おきなわ屋本店

定番からオリ
ジナルまで
バラエティに
富んだ商品
が並ぶ大型店。入口にある大
きなシーサーはフォトスポット
としても人気。
☎098-860-7848 住那覇市
牧志1-2-31 ⏰9時30分～
22時 休無休 P30台（2000
円以上購入で1時間無料）MAP
P146C3

1727円

琉球王朝 30度 720㎖
宮古島の酒造所、多良川の代
表銘柄。華やかな香りとキレの
ある飲み口に定評がある

2277円

海乃邦10年25度 720㎖
10年間貯蔵した後に瓶詰した
長期熟成泡盛。マイルドな味わ
いで口当たりの良さが特徴

1848円

請福 ゆずシークヮーサー入り 10度 720㎖
石垣島の請福酒造のリキュー
ル。国産のゆずと県産シークヮ
ーサーが爽やかで飲みやすい

国際通り
わしたしょっぷ こくさいどおりてん
わしたショップ
国際通り店

沖縄県産品
のアンテナシ
ョップ。泡盛
だけでなく、
菓子類、食品からコスメに至る
まで商品を取り揃え、みやげ選
びにとても便利。☎098-864-
0555 住那覇市久茂地3-2-22
⏰9～22時 休無休 交県庁前駅
から徒歩3分 P契約駐車場あり
MAP P146B3

777円

華紫 (8個入り)
（はなむらさき）
梅の花をかたどったかるかん。
山芋を練り込んだ生地はモチ
モチっとした食感が楽しい

972円

いもいもタルト (6個入り)
紅いも＆鮮やかなオレンジ色
の読谷あかねいもを使った2
色のタルト

1782円

紅いもガレット (12個入り)
沖縄県産紅いもとクリをあわせ
た餡を風味豊かなガレット生
地で包み焼き上げている

国際通り
おかしごてん こくさいどおりまつおてん
御菓子御殿
国際通り松尾店

紅いもタルト
を中心に、さ
まざまな紅
いも菓子を
展開。2階にはカフェもありゆ
ったりくつろぐことができる。
☎098-862-0334 住那覇市
松尾1-2-5 ⏰9～22時 休無休
交県庁前駅から徒歩4分 Pなし
MAP P146B3

3年以上寝かせた泡盛のことを、古酒（くーす）といいます。熟成させることで、深いコクと芳醇な香りを楽しむことができます。

沖縄みやげ ● 定番みやげはバラエティ豊富です

うちなーんちゅの地元スーパーは 沖縄みやげの宝庫なんです

沖縄の人の食卓を預かる地元スーパーには、沖縄のお菓子や食材が
たくさん並んでいます。おみやげにすると喜ばれることうけあいです。

バラマキに便利なおやつ

＼ サクッと口当たりが 軽い ／

塩せんべい **189円**
小麦粉を使った沖縄の
人気駄菓子。ほどよい
塩加減にパスパスとした
食感が独特

＼ 新しい食感が 楽しい！ ／

雪塩ふわわ 紅芋 **各300円**
宮古島の塩「雪塩」を
使ったメレンゲ。濃厚な
紅芋の風味とふわっと
優しいくちどけが特徴

＼ 沖縄の伝統的な おやつ ／

さーたーあんだーぎー(白) **710円**
自社の卵を使用した安室
養鶏場のサーターアンダギ
ー。写真はプレーン。黒糖
味732円もある。6個入り

＼ ちんすこうが おしゃれに ／

ちんすこうショコラ アソート **486円**
王朝菓子のちんすこうを
チョコでコーティング。ミ
ルク、ダーク、ハイカカオ
90の3種類12個入り

沖縄の味を自宅で

＼ 沖縄料理には 欠かせない ／

スパムレギュラー (340g) **559円**
豚加工肉の缶詰。沖縄で
は、野菜炒めやおにぎり
の具材にも。そのままスラ
イスして焼いてもおいしい

＼ 珍味が食卓に！ ／

おきなわ海ぶどう (40g) **279円**
海ぶどうの一大産地、
恩納村産。塩味がき
そのままでもポン
酢で食してもグッド。
晩酌が楽しみ！

タコライス 3袋入 **450円**

＼ ごはんの上に のせるだけ ／

タコスミートとスパイス
がきいたホットソースで、
沖縄発祥のB級グルメ
が気軽に楽しめる

＼ ソウルフードの カップ麺 ／

明星の沖縄そば **168円**
カツオ風味のダシがき
いた、沖縄そばのカッ
プ麺。お好みでコーレ
ーグースをかけてみて

※ 全て税込価格です。※表示価格や規格は変更になる場合があります。

コチラで買えます→

🏠 沖縄の代表的な
ローカルスーパーはココ

サンエー那覇
メインプレイス

サンエーは、県内に60店舗以上あるローカルスーパー。大型ショッピングモール、那覇メインプレイス1階の店舗には県産品を集めたコーナーがあり、みやげ選びに便利です

☎098-951-3300 MAP P145D1

ローカルスーパーはほかにもあります

🏠 タウンプラザ
かねひでにしのまち市場
☎098-863-4500 MAP P144B2

🏠 フレッシュプラザユニオン 宇地泊店
☎098-898-5400 MAP P148B3

🍳 パパッとひとふり 島調味

\ 激辛だけど \
クセになる

こーれーぐす (110g)
567円

島唐辛子を泡盛に漬け込んだ液体スパイス。沖縄そばのほか、ラーメンなどにも試してみて

\ ステーキソースの \
大定番

A1ソース
(240g) 428円

醸造酢にフルーツや野菜を加えたソース。ステーキなど肉料理との相性バッチリ

\ 八重山の \
スパイスです

ヒバーチ瓶タイプ
(20g) 498円

石垣島など、八重山諸島生まれ。島コショウとも。シナモンに似た風味で、辛味は強くない

\ てんぷらに \
ぴったり

ぬちまーす
(111g) 600円

うるま市宮城島の海水から作られた天然塩。独特の製法を用い、ミネラルがたっぷり！

🍶 南国味 うちなードリンク

\ 沖縄のお茶 \
といえばコレ

茶流彩彩さんぴん茶
(500mℓ) 88円

ジャスミン茶のこと。すっきりした飲み口は沖縄の気候にぴったり。沖縄料理との相性も抜群

\ 南国果実を \
ゴクリ

沖縄バヤリース
グァバ(左)とマンゴー(右)
各128円

南国フルーツ、グァバとマンゴーを使用。見た目もトロピカルでテンションアップ！

\ お米の \
ドリンクです

黒糖玄米(右)250mℓ、
ミキ(左)250mℓ 各118円

うるち米や玄米を使った発酵飲料。黒糖や紅いもで甘味を加え、ドロリとしたのど越しが特徴

\ 沖縄に定着した \
アメリカンドリンク

A&Wルートビア
355mℓ 1缶 128円

A&Wの名物メニュー「ルートビア」がドリンク缶に。あの独特な風味はもちろん健在。価格もお手頃！

📖 沖縄では夜遅くまで開いているスーパーが多い。タウンプラザかねひでの多くは24時まで営業し、フレッシュプラザユニオンは24時間営業です。

飛行機に乗る前にチェック！沖縄の玄関口、那覇空港

那覇空港には、ショップや飲食店が多数営業しています。
空港限定みやげを探したり、飛行機に乗るまで沖縄を楽しみましょう。MAP P144A3

限定みやげを買いましょう

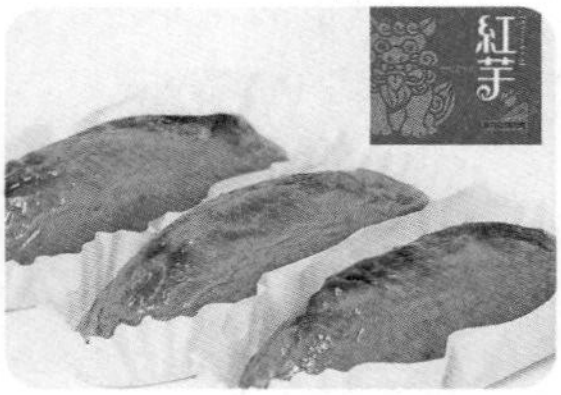

発売から10年余のロングセラー菓子。沖縄の自然が育んだ紅芋とさつまいもを使用し、濃厚な風味が人気。

紅いもスイートポテト 6個入り 1296円

ロイヤルベーカリーショップ那覇空港店（ろいやるべーかりーしょっぷなはくうこうてん）
☎098-858-7183 ⏰6時30分～20時30分 休無休

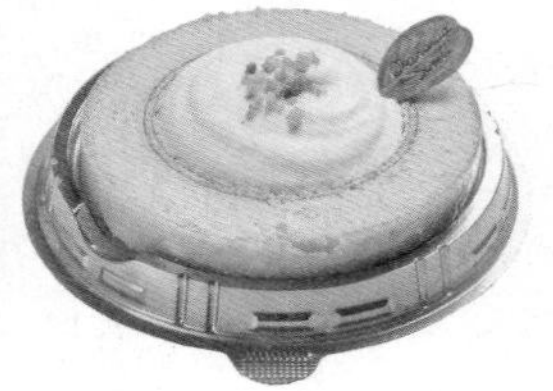

生地の中央には、紅芋・黒糖・ハチミツを使った餡とホイップクリームが、たっぷり入っている。

クリームバウム 各740円（直径約9cm）

ふくぎや那覇空港店（ふくぎやなはくうこうてん）
☎098-840-1823 ⏰9～19時 休無休

黄金芋と紅芋を2層にしたクールなスイーツ。上品な甘さに仕上げた2つの味が作り出す絶妙なハーモニーは、感動もの。

紅芋レアケーキ シュリ 5個入り 1030円

JAL PLAZA出発ロビー1号店（じゃるぷらざしゅっぱつろびーいちごうてん）
☎098-857-6872 ⏰6時30分～20時30分 休無休

沖縄ならではの空弁はいかが？

沖縄県産のブランド和牛「もとぶ牛」を贅沢に使用。ジューシーなパティとオニオンソテーの風味が絶妙

もとぶ牛ハンバーガー 1300円

Coralway スナックコート（こーらるうぇいすなっくこーと）
☎098-858-6455 ⏰6時30分～20時30分（変更の場合あり）
休無休

沖縄のソウルフード「スパムむすび」と「濃厚チーズをのせたスパムむすび」のセット。空港ではここだけで販売。販売日限定の場合あり

スパムむすびプレーン&チーズ 700円

Coralway スナックコート（こーらるうぇいすなっくこーと）
☎098-858-6455 ⏰6時30分～20時30分（変更の場合あり）
休無休

ジューシーなスパムとカツオ風味のだし醤油で旨みを感じられる玉子焼き、マグロツナを使用したシーチキンマヨネーズをサンド

ポーク玉子シーチキンマヨネーズ 268円

ファミリーマート那覇空港ターミナル店（ふぁみりーまーとなはくうこうたーみなるてん）
☎098-858-2262 ⏰6～21時 休無休

国内線と国際線を
つなぐエリアにも
大注目です

注目は、2階商業エリアYUINICHI STREET（ゆいにち すとりーと）。沖縄初出店を含む飲食店やみやげ店など35店舗が軒を連ねている。発着LCCもこのエリアになり、ますます便利に。

旅のシメはやっぱりうちなーグルメ

県産食材を使ったオリジナル丼が評価。ミミガーを牛丼風にアレンジしたミミガー丼は、コリコリとした食感が楽しめる。

ミミガー丼 1100円（手前）
どんぶりのみせ しき
● どんぶりの店 志貴
☎098-859-0019 🕘9時30分～19時LO 休無休

タコライスやチャンプルーなど、定番沖縄料理をお手頃価格で。沖縄そばは9時～、通常メニューは11時～の提供となる。

ゴーヤーチャンプルー定食 750円
くうこうしょくどう
● 空港食堂
☎098-840-1140 🕘9時～19時30分LO 休無休

メニューはどれもボリューム満点。人気のモッツァバーガーは、新鮮野菜とモッツァレラチーズを使ったソースがたっぷり。

モッツァバーガー＋スーパーフライコンボ 1230円
えいあんどだぶりゅくうこうてん
● A&W空港店
☎098-857-1691 🕘6時30分～20時 休無休

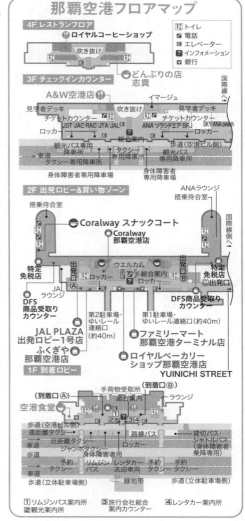

那覇空港フロアマップ

4F レストランフロア
- ロイヤルコーヒーショップ
- 吹き抜け

凡例：トイレ／電話／エレベーター／インフォメーション／銀行

3F チェックインカウンター
- どんぶりの店 志貴
- A&W空港店
- イマージュ
- 見学者デッキ　吹き抜け　見学者デッキ
- チケットカウンター　チケットカウンター
- JUST JAC RAC JTA JAL　ANA ソラシドエア SFJ　SKY ANA peach
- ロッカー　総合案内　ロッカー
- 観光バス専用降車所　歩道（空港ビル側）
- 車道　タクシー専用降車所　観光バス専用降車所
- タクシー専用降車所
- 身体障害者専用降車場　身体障害者専用降車場
- 国際線へ→

2F 出発ロビー＆買い物ゾーン
- ANAラウンジ
- 搭乗待合室　搭乗待合室
- Coralway スナックコート
- Coralway 那覇空港店
- ウエルカム
- 特定免税店　出発口Ⓐ　ロッカー　ホテル　総合案内　ロッカー　出発口Ⓑ　特定免税店Ⓒ出発口
- JALラウンジ
- DFS商品受取りカウンター
- DFS商品受取りカウンター
- JAL PLAZA 出発ロビー1号店　ふくぎや 那覇空港店
- 第2駐車場・ゆいレール連絡口（約40m）　第1駐車場・ゆいレール連絡口（約40m）
- ファミリーマート 那覇空港ターミナル店
- ロイヤルベーカリーショップ那覇空港店
- 国際線側へ→
- YUINICHI STREET

1F 到着ロビー
- （到着口Ⓐ）　手荷物受取所　（到着口Ⓑ）
- 総合案内　ラウンジ
- 空港食堂
- 歩道（空港ビル側）　路線バス　貸切バス・シャトルバス（身体障害者乗降専用）
- 遠距離タクシー
- 近距離タクシー　車道
- ジャンボタクシー　ロッカー
- 身体障害者用
- リムジンバス　レンタカー　予約送迎車　予約タクシー　予約タクシー
- 歩道（立体駐車場側）　緑地帯　歩道（立体駐車場側）
- ① リムジンバス案内所　③ 旅行会社総合案内カウンター
- ② 観光案内所　④ レンタカー案内所

 各階のインフォメーションでは2種類の記念スタンプを用意しています。専用の台紙も配布しています。

地元のいいものを揃えています！
2大フードマーケット

おみやげ探しは旅の醍醐味。県外ではお目にかかれない食材や調味料など。
おいしいにこだわったフードマーケットの選りすぐりをご紹介。

命薬薬膳スパイススープキット  A

2〜3人分 380円
薬膳スパイスアドバイザー監修のスパイス。デトックス効果や体質改善におすすめ

沖縄薬膳華味噌 B

300g 1512円
手作りにこだわった薬膳味噌。玄米、ハト麦、黒ゴマなどを加え香り豊かで栄養素もたっぷり

COOL STRUTTIN' B

200g 1620円
華やかな酸味と軽い味わいが特徴のロージャースオリジナルコーヒー豆。パッケージもオシャレ

レモンアンダギー A

5個入り 648円
レモンピールを使用した爽やかな風味のサーターアンダギー。毎月8が付く日は揚げたても販売

沖縄麻炭コーラの素 A

160ml 1350円
炭酸水で割るだけ。黒糖や有機レモングラス、オーガニックスパイスで爽やかな味わい

ナッツコンフィ B

150g 1350円
ナッツを使用したオーガニックなコンフィ。パンやヨーグルトのトッピングに

うさが味噌〜れ A

150g 1296円
ごはんのお供や調味料としてアレンジ自在。写真のうま辛と甘口の2種類

ハッピーモア市場 tropical店 A

小規模生産者の手で丁寧に育てられた農産物をはじめ、素材にこだわった加工品がずらりと並ぶ。野菜スムージー（M）450円など旬の野菜や果物を使ったフレッシュスムージーも評判。

☎098-988-9785 ㊙宜野湾市大山7-1350-81 ⏰10〜18時 ㊡不定休 ㊋西原ICから車で15分 ㋹200台 MAP P148B2

Roger's FOOD MARKET B

1954年にオープンしたプラザハウスショッピングセンター1階にあるフードマーケット。沖縄はもちろん世界中から厳選されたフードが揃い、まるで旅をしているかのような気分に。

☎098-932-4484 ㊙沖縄市久保田3-1-12 ⏰10〜20時 ㊡1月1日 ㊋北中城ICから車で8分 ㋹300台 MAP P148C1

リゾート気分を満喫する
私にぴったりのホテル探し

白い砂浜、青い海、キラキラの太陽。
解放的な気分で過ごす沖縄の島時間は
まさに至福のひとときです。
ゆったり気ままな沖縄ステイをかなえましょう。

海を見ながら過ごしたい
南の島の憧れホテル

リラックス派もアクティブ派も、贅沢な時間が過ごせます。
沖縄バカンスにピッタリのリゾートホテルを探してみませんか。

読谷村

ほしのやおきなわ
星のや沖縄

**非日常感に満ち溢れた楽園で
暮らすように滞在**

「グスクの居館」をコンセプトにしたラグジュアリーリゾート。海岸線1kmに渡る広大な敷地には、加温式で1年中楽しめるインフィニティプールや琉球文化にふれられる「道場」など多彩な施設が点在。全て低層階の客室はどの部屋からも海を近くに感じ、この上ない開放感の中で過ごせる。沖縄の新しい魅力に出会う食事やスパ、自然に囲まれた空間で心身ともに癒されたい。

☎050-3134-8091（星のや総合案内）❹読谷村儀間474 ✕那覇空港から車で1時間（沖縄ICから車で30分）※空港リムジンバスあり ❺送迎なし ❷100台（無料）●100室 ●2020年7月開業 MAP P150A2

╔══ 料 金 ══╗
1泊室料
÷13万6000円〜
🕐 IN 15時 OUT 12時

+ 憧れポイント +
常に海が感じられる
4タイプの客室
テラスに大きなソファを配し浜辺でくつろいでいる気分になれる客室「ハル」。やちむんや紅型など沖縄の工芸品にもふれられる

沖縄の伝統茶「ぶくぶく茶」は15時〜16時30分、無料で振舞われる

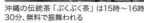
ビーチまで5分以内の立地　オーシャンビューの客室あり　エステ施設あり　プール施設あり　アクティビティ紹介あり

✦ 憧れポイント ✦
いつでも利用できるインフィニティプール
1年中24時間利用可能。サンセットタイムや夜間はライトが灯りムードたっぷり

ひとり占めビーチ
ホテルのすぐ目の前に続くビーチはギマの浜。天然の浜で砂浜を散策したり、乗馬を楽しむことができる。海水浴を楽しむなら車で2分のニライビーチへ。
【アクティビティ】
朝凪よんなー乗馬
6050円
8時、8時30分、9時、9時30分開催 各回2名まで。所要30分

✦ 憧れポイント ✦
客室やダイニングで味わう食事が楽しみ
ダイニングではイタリア料理のコースを。また客室では30種類以上のメニューが揃う「ギャザリングサービス」が楽しめる

赤瓦屋根の独立したスパ棟で塩や泥、海藻を使ったトリートメントを

グルメスポットにもご注目！

ほしのりぞーと　ばんたかふぇ
星野リゾート　バンタカフェ

ホテルの隣にある絶景カフェ

国内最大級の海カフェで天然の浜を見ながらほっと一息

地形を生かした圧倒的なスケールを誇る海カフェ。海辺のテラスや岩場のテラスなど個性的な4タイプの席を用意。気に入った場所を見つけてのんびりとしたカフェタイムを。
☎098-921-6810 ㊟読谷村儀間560 ✕沖縄南ICから車で30分 ㋜10時〜日没1時間後 土・日曜、祝日は8時〜 ㊡無休 ㋿77台（カフェまたはグリル利用で1時間無料）㋓200（全席禁煙）予約不可
※宿泊者以外も利用可能
MAP P150A2

ぶくぶくジュレソーダ1000円。マンゴーやハイビスカスなどカラフルなジュレが目を引く

ポークたまごおにぎり700円。アオサを加え、厚手に焼き上げた玉子で磯の香りも楽しめる。注文を受けてから握るため食感がふわふわ

崖の上から散策路を下ると現れる「海辺のテラス」。波の音が間近に聞こえる特等席

ほしのりぞーと　おーるーぐりる
星野リゾート　オールーグリル

サンセットタイムも素敵！

青い海を望むダイニングで肉厚バーガーに舌鼓

バンタカフェに併設する本格的なグリルレストラン。崖の上にあるため窓からは読谷村の美しい海が一望できる。泡盛や黒糖を合わせたオリジナルソースで味わう薪焼きステーキをはじめ、ランチにはオールーバーガー1800円などが楽しめる。㋜11時30分〜14時LO、17〜20時LO ㊡無休 ㋓約90（全席禁煙）ディナーは要予約
※宿泊者以外も利用可能
MAP P150A2

全席がオーシャンフロント。眺めとともにグリル料理を味わいたい

肉感たっぷりのパテがうれしいアボカドチーズバーガー2100円

憧れポイント
シンボリックなオーキッドプール
150万枚ものモザイクタイルで描かれたオーキッド（洋ラン）が浮かび上がる名物プールは、ハワイの約2倍もの大きさを誇る

恩納村
はれくらにおきなわ

ハレクラニ沖縄

ハワイを代表する名門リゾート

100年以上の歴史を誇るハワイの名門ホテルブランド・ハレクラニ。"天国にふさわしい館"をコンセプトに、ホテルの象徴ともいえるオーキッドプールをはじめ、全室オーシャンビューの客室、ラグジュアリーを極めた充実の施設、隅々まで行き届いた世界トップクラスのホスピタリティを満喫できる。沖縄の海を楽しむマリンメニューや、沖縄文化を身近に感じるカルチャープログラムも魅力。

☎098-953-8600 🏠恩納村名嘉真1967-1 🚗那覇空港から車で約1時間20分（許田ICから車で10分）※空港リムジンバスあり 🚌送迎なし 🅿312台（1泊2000円）●360室 ●2019年7月開業 MAP P152B3

```
············ 料金 ············
デラックスオーシャンビュー
1泊朝食付き（室料）
÷7万7165円～
🕐 IN 15時 OUT 12時
```

リゾートステイの始まりにふさわしい海を望むビーチフロントウイングロビー

ハワイで長く愛されてきた伝統のレストラン「ハウス ウィズアウト ア キー」

憧れポイント
極上の時間を演出する客室
バルコニーを備えたサンセットウイングの一室、プレミア クラブ オーシャンフロント

沖縄の伝統的な素材を取り入れたトリートメントで心身ともにリラックス

ひとり占めビーチ
全長約1.7kmの海岸線に面し、自然豊かな沖縄海岸国定公園を舞台にマリンアクティビティが楽しめる。
[アクティビティ]
ボートスノーケルツアー、クリアカヤックツアー、体験SUPなど（すべて有料）

🏖ビーチまで5分以内の立地 🏝オーシャンビューの客室あり 💆エステ施設あり 🏊プール施設あり 🤿アクティビティ紹介あり

憧れポイント
ブセナで過ごす非日常空間の1日
ハワイでもバリ島でもなく、ここは「ブセナ」というリゾート！宿泊だけでなく、クラフトハウスやライブラリーなど自分だけの過ごし方ができる

憧れポイント
海が主役の
オーシャンビュールーム
広々とした客室は窓から望む景色を活かしたシンプルデザイン

南海を疾走するカタマランヨットのクルーズも

憧れポイント
プライベート感の高い
特別な空間のクラブヴィラ
ヴィラが18室。プライベートプール付きの部屋もある

名護市

ざ・ぶせなてらす
ザ・ブセナテラス

非日常の広大な美空間
贅沢に過ごす大人のバカンス

約760mの白い砂浜が続くビーチに沿ってホテル本館、クラブヴィラなどが点在する広大な楽園リゾート。島の豊かな自然との一体感が心地よいゲストルームはプライベート感たっぷりで、日常を忘れて時を過ごせる。24時間対応のバトラーサービスをはじめ多彩なレストランやショップ、マリンアクティビティが楽しめる。

☎0980-51-1333 ⊞名護市喜瀬1808 ◲那覇空港から車で約1時間15分(許田ICから車で5分)※空港リムジンバスあり ◲一部のスイートは送迎あり ℗350台(1泊1500円)●408室(スタンダードフロア3タイプ、クラブフロア4タイプ、クラブヴィラ4タイプ)●2022年本館客室リニューアル ᴍᴀᴘP152C2

ひとり占めビーチ
沖縄本島北部、東シナ海のエメラルドグリーンに囲まれたブセナ岬。真っ白な砂浜が広がる。
【アクティビティ】
クルージング、スノーケリング、ダイビング、マリンジェット、ウェイクボードなど(すべて有料)

❀ **朝ご飯** ❀

カフェテラス「ラ・ティーダ」のブレックファーストブッフェ

❖━━ **料金** ━━❖
デラックスナチュラル オーシャンフロント
1泊朝食付き(室料)
÷5万400円〜
🕐 IN 14時 OUT 11時

憧れポイント
琉球建築様式の建物と水の庭
建物は首里城をイメージ。ホテル内随所に流れる「水をたたえた庭」も涼やか

名護市
ざ・りっつ・かーるとんおきなわ
ザ・リッツ・カールトン沖縄

名門リッツ・カールトンの国内初のリゾートホテル

世界的トップブランド、ザ・リッツ・カールトンのラグジュアリーリゾート。名護湾を望む高台にあり、ホテル内随所に流れる「水をたたえた庭」など、開放的で優雅な南国リゾートの空気が漂っている。全室にチェア付のテラスや、海を眺めながら入浴できるビューバスなどを備え、名門ホテルの細やかなホスピタリティでもてなしてくれる。

☎0980-43-5555 🏠名護市 喜瀬1343-1
🚃那覇空港から車で約1時間15分（許田ICから車で10分）※空港リムジンバスあり 🚌送迎なし
🅿108台（無料バレーパーキングサービスあり）
●97室（デラックス54室、ベイデラックス24室、プレミア9室など）●2024年9月客室改装終了予定
MAP P152C3

料金
デラックスツインルーム　1泊室料
÷9万4875円～
🕐 IN 15時 OUT 12時

ジェットバス付きのカバナルーム。客室から直接屋外プールへアクセス可能

✦憧れポイント✦
ザ・リッツ・カールトン スパ 沖縄
伝統工芸品の陶器"やちむん"や、やんばる原産ボタニカルを使用したトリートメントが評判

名護湾を見晴らし海と空との一体感が味わえる屋外プール

🌸 朝ご飯 🌸

ダイニンググスクで和・洋・沖縄料理を
※写真はイメージです

「リッツニック」に注目!
食事とブランケットマットをセットにしたホテル限定のオリジナルピクニックボックス。ホテル近隣のビーチや公園などで手軽にピクニック気分を。
¥1人4600円（2名からの受付）🕐11時～17時30分（前日17時までに要予約）

憧れポイント
喧騒から離れた大人のリゾート
赤瓦と白壁そして沖縄の青い海が
マッチし非日常感を演出

憧れポイント
アルハンブラ宮殿がテーマの客室
テラコッタカラーがエレガントな、
コーナーラグジュアリーツイン

ほてるにっこうありびら

ホテル日航アリビラ

南欧の高級リゾートを思わせる
大人のラグジュアリーホテル

赤瓦の屋根と白い壁のスパニッシュコ
ロニアル様式の建物が目の前の青い海
に映えるホテル。アートが点在する異
国情緒あふれる館内は、静かな空気に
包まれている。豊富なマリンプログラム
やリラクゼーションメニューを楽しみつ
つ、約800種もの亜熱帯植物が育つ南
国ムードたっぷりのガーデンを散策し
て、のんびりと過ごすのもステキ。

☎098-982-9111 **住**読谷村儀間600 **交**那
覇空港から車で約1時間(沖縄南ICから車で30
分)※空港リムジンバスあり **P**送迎なし **P**250
台(1滞在1000円)●397室(ツイン393室、ス
イート4室)●1994年6月開業 **MAP**P150A2

◆憧れポイント◆
オリジナルの
アロマオイル
美を引き出す極上の
ハンドトリートメント

❀ 朝ご飯 ❀

沖縄食材たっぷりの「ぬち
ぐすい御膳」(数量限定)

手作りの紅芋ジャムが好
評の洋食ブッフェ

┄┄┄┄┄ **料金** ┄┄┄┄┄
スーペリアツイン
1泊朝食付き
÷ 2万6790円〜
🕐 IN 15時 OUT 12時

優雅で異国情緒ある
回廊

ひとり占めビーチ
南国の海の生き物たちに出
合えるニライビーチは沖縄
本島屈指の透明度。自然のま
まの姿が残る天然ビーチだ。
【アクティビティ】
グラスボート、シュノーケリング、
サンセットセーリング、ウェイク
ボードなど(すべて有料)

※宿泊料金は「室料」記載の場合を除き、2名1室利用時の1名分の料金です。

恩納村

えーえぬえーいんたーこんちねんたる
まんざびーちりぞーと

ANAインターコンチネンタル
万座ビーチリゾート

サンセットビューも絶景
沖縄を代表するリゾートホテル

万座の海を一望する、西海岸でも有数のオーシャンビューホテル。クラブルームの宿泊者のみが利用できる「クラブインターコンチネンタルラウンジ」では、朝食、ティーサービス、専任コンシェルジュサポートなどの特典が付くVIPなステイが待っている。

☎098-966-1211 🏠恩納村瀬良垣2260 🚃那覇空港から車で約50分(屋嘉ICから車で10分)※空港リムジンバスあり 🚌送迎なし 🅿500台(無料〜) ●400室(ツイン393室、スイート7室)●2009年4月改装 MAP P152A3

```
·········· 料 金 ··········
クラシックツイン 1泊朝食付き
÷1万5500円〜
🕐 IN 15時 OUT 11時
```

✦憧れポイント✦
気品あるゲストルーム
景色に溶け込むような、マリンブルーが爽やかな客室でリラックス

ガラス張りのクラブラウンジからは万座毛の絶景が眺められる

恩納村

はいあっと りーじぇんしー
せらがきあいらんど おきなわ

ハイアット リージェンシー
瀬良垣アイランド 沖縄

美しい海はもちろん
充実の施設で極上のひとときを

恩納村・瀬良垣島にある、高級ホテルブランド「ハイアット」直営リゾート。美しい海に囲まれた瀬良垣島のザ・アイランドと本島側のザ・ビーチハウスの2棟で構成されたユニークなロケーションが特徴。沖縄随一のデスティネーションホテルで上質な滞在を。

☎098-966-2589(予約専用ダイヤル8〜20時)🏠恩納村瀬良垣1108 🚃那覇空港から車で約1時間10分(屋嘉ICから車で10分)※空港リムジンバスあり 🚌送迎なし 🅿290台(有料) ●343室●2018年8月開業 MAP P152A3

①プール・ラグーンではゆっくり流れる島時間を楽しめる ②ザ・アイランドスタンダードツイン(38㎡)

✦憧れポイント✦
心奪われる絶景のサンセット
ホテル内にはサンセットを楽しめるポイントがたくさん。お気に入りをぜひ見つけて

```
·········· 料 金 ··········
スタンダードツイン 1泊室料
÷3万円〜
🕐 IN 15時 OUT 11時
```

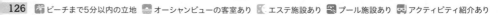

【恩納村】

かふー りぞーと ふちゃく こんど・ほてる
カフー リゾート フチャク コンド・ホテル

全室オーシャンビュースイート
豊富なサポートアイテムで快適ステイ

平均70㎡とゆとりのあるスイートルームの客室を持つ。ホテル棟、コンドミニアム棟、アネックス棟の3棟あり豊富な部屋タイプが魅力。水平線や夕日が眺められる2つのインフィニティプールや多彩なジャンルの食空間、美容グッズなどバリエーション豊かな無料のレンタルアイテムもうれしい。

☎098-964-7000 🏠恩納村冨着志利福地原246-1 🚗那覇空港から車で約50分（石川ICから車で15分）🚌2024年4~12月は那覇空港直結無料送迎バスを運行 🅿352台（無料）●333室 ●2009年7月開業 MAP P151F3

憧れポイント
別荘のような広い客室
開放的なゆったりとした間取り。連泊や家族連れにもおすすめ

1 海を見渡すプールにはジェットバスも併設
2 沖縄料理やアメリカンスタイルなどバラエティに富んだメニューが揃うテイクアウト専門店
3 アネックス棟最上階にある「琉球BBQ Blue」の朝食ではあぐー豚のしゃぶしゃぶ鍋を贅沢に楽しめる

```
―――― 料 金 ――――
ホテル棟スーペリア 1泊室料
÷3万円2000円~
🕐 IN 15時 OUT 11時
```

【恩納村】

るねっさんす りぞーと おきなわ
ルネッサンス リゾート オキナワ

イルカとのふれあい体験などが
充実したエンターテインメントリゾート

客室はもちろんロビーやラウンジなど「ネイチャーライブラリー」をコンセプトに上質なくつろぎのリゾート空間へと2020年にリニューアル。個性豊かな9つのレストラン＆バーやタラソテラピーサロン、マリンアクティビティも充実。特にイルカとふれあえるドルフィンプログラムはぜひ体験したい。

☎098-965-0707 🏠恩納村山田3425-2 🚗那覇空港から車で約1時間（石川ICから車で5分）※空港リムジンバスあり 🚌送迎なし 🅿200台（無料）●377室（ツイン333室他）●2020年4月改装 MAP P151F4

憧れポイント
多彩なドルフィンプログラム
イルカと一緒に泳いだり、このホテルならではのメニューが豊富

1 プライベートビーチはホテルの目の前 2 2名のエステティシャンによる贅沢なタラソトリートメント 3 沖縄の海や植物をテーマにしたモダンカジュアルなデラックスツイン

```
―――― 料 金 ――――
スーペリアツイン 1泊朝食付き
÷1万7000円~
🕐 IN 14時 OUT 11時
```

※宿泊料金は「室料」記載の場合を除き、2名1室利用時の1名分の料金です。

うるま市
ここ がーでんりぞーと おきなわ
ココ ガーデンリゾート オキナワ

女性の満足度がグンと高い "CoCo Style"のおもてなし

3種のアロマオイルから選べる"香りのリラクゼーション"や"選べるピローメニュー "のほか、アフタヌーンティーサービスなど、至れり尽くせりのおもてなしが揃う。中庭でのヨーガやピラティス、沖縄料理教室など、地元文化にふれるプログラムも用意。レストランマカンマカンでは本格的な飲茶が楽しめる。

☎098-965-1000 🏠うるま市石川伊波501 🚌那覇空港から車で約50分 (石川ICから車で5分) 🚐送迎なし 🅿40台 (無料) ●96室 (ツイン71室、ダブル17室、他8室) ●1989年7月開業 MAPP150C2

①ヒーリングミュージックが水中に流れるガーデンプール②ドリンクを楽しみながら読書もできるライブラリーラウンジ。宿泊者は無料で利用可

```
·········· 料 金 ··········
ガーデンツイン 1泊朝食付き
÷1万2000円～
🕐 IN 14時 OUT 11時
```

✦ 憧れポイント ✦
沖縄素材を使った
癒やしのスパ
ハイビスカスなど天然の素材を使ったココスパでのトリートメント

読谷村
じ・うざてらす びーちくらぶゔぃらず
ジ・ウザテラス ビーチクラブヴィラズ

美しい自然が目の前に広がる極上のプライベートヴィラ

ザ・ブセナテラス (☞P123) などを運営するザ・テラスホテルズの5番目のホテルとなるヴィラリゾート。全室プール付きで、インルームダイニングなど、プライベートな居住空間を重視。別荘にいるような感覚でゆったりとくつろげる。

☎098-921-6111 🏠読谷村宇座630-1 🚌那覇空港から車で約70分 (石川ICから車で20分) ※空港リムジンバスあり (グランメルキュール沖縄残波岬下車) 🚐グランメルキュール沖縄残波岬まで送迎あり (事前要予約) 🅿44台 (1泊1500円) ●48室 ●2016年3月 開業 MAPP150A2

①大きく開かれたプライベートプールと88㎡のゆったりとした広さが魅力の「クラブヴィラ 1ベットルーム」の客室②宿泊者専用のアウトドアプール

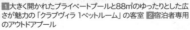

③ホテル敷地内にある自家農園

✦ 憧れポイント ✦
広く開放的なヴィラタイプの客室
プライベートプールがリゾート感を演出

```
·········· 料 金 ··········
クラブプールヴィラ1ベッドルーム
1泊朝食付き (室料)
÷15万円～
🕐 IN 15時 OUT 11時
```

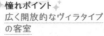

名護市

おりえんたるほてる おきなわりぞーとあんどすぱ

オリエンタルホテル 沖縄 リゾート&スパ

**"やんばる"の入り口に位置するホテル
2024年4月リニューアルオープン**

東シナ海を望む高台にあり、客室では
バルコニーに突き出したインナーテラ
スから海に沈む夕焼けを楽しめる。県
内最大級を誇る全長170mのガーデ
ンプールのほか、5種類のバスを備え
たスパや県産食材にこだわったレスト
ランも人気。

☎0980-51-1000 住名護市喜瀬1490-1
交那覇空港から車で約1時間10分（許田Cから
車で8分）※空港リムジンバスあり ■送迎なし
P298台（1滞在1000円）●361室（スーペリア
264室、クラブ97室他）●2021年11月開業
MAP P152C3

········· 料金 ·········
スーペリアツイン 1泊朝食き
÷2万2800円～
🕐 IN 15時 OUT 11時

憧れポイント
リニューアルした
県内最大級の
ガーデンプール

プールサイドバーや幻想
的なナイトプールで一日
中過ごしたくなる心地よさ

■全室44㎡以上の客室
からは海も山も望める ■
アメニティベース「Arin
Krin (アリン クリン)」。バイ
オマスアメニティなどをセ
ルフ方式で。滞在に合わせ
てアメニティが選べる

■朝食で人気の「肉厚ハ
ンバーガー」。その他ご当
地メニューも用意

国頭村

おくま ぷらいべーとびーち あんどりぞーと

オクマ プライベートビーチ & リゾート

**沖縄の自然のなかで
プライベートなステイを楽しむ**

コテージ&ヴィラタイプの客室が広大
な敷地に点在するプライベートリゾー
ト。碧い海と白砂のビーチを表現した
客室「グランドコテージ」が大人気。マ
リンメニューだけでなく、やんばるの森
へのエコツアーなど、自然とふれ合うフ
ィールドプログラムも豊富。

☎0980-41-2222 住国頭村奥間913 交那
覇空港から車で約1時間30分（許田Cから車で
40分）■那覇から無料シャトルバス（要予約）
P150台●184室●1978年開業
MAP P156B2

■約1kmにわたる白砂の
ロングビーチが魅力 ■知
識豊富なガイドが奇跡の
森を案内 ■理想のリゾー
トステイが楽しめる広さ
48㎡の最高客室グランド
コテージ

✦ 憧れポイント ✦
海を間近に感じる潮風のラウンジ
ラウンジアクセス付ガーデンヴィラ、グランドコテー
ジ宿泊客専用の開放的なラウンジ

········· 料金 ·········
グランドコテージ（ラウンジアクセス付）
1泊朝食付き（室料）
÷5万円
🕐 IN 14時 OUT 11時

宿泊料金は「室料」記載の場合を除き、2名1室利用時の1名分の料金です。

恩納村

ほてるもんとれおきなわ すぱあんどりぞーと

ホテルモントレ沖縄
スパ&リゾート

クラシカルな高級感と
南国の開放感を併せ持つ

タイガービーチに面して立つ約1万坪もの敷地を有する大型リゾート。「ブリティッシュコロニアル」をテーマにデザインされ、高級感漂う非日常な空間を演出している。多彩な屋内外プールを始め、アーユルヴェーダスパ、天然温泉の大浴場、マリンレジャーなど、充実した施設やプログラムでリゾートステイのあらゆるニーズにこたえてくれる。

+ 憧れポイント +

海との一体感がたまらない
インフィニティープール

ホテルのメインプールで海にいるような感覚が楽しめる

········· 料金 ·········
スタンダード 1泊朝食き
÷ 1万6000円〜
🕐 IN 15時 OUT 11時

☎098-993-7111 🏠恩納村冨着1550-1 🚗那覇空港から車で約1時間10分（石川ICから車で15分）※空港リムジンバスあり 🚌送迎なし 🅿238台（1泊500円、最大1500円まで）● 339室（スタンダード、スーペリア、ラグジュアリーなど）●2013年6月開業 MAP P151F3

シックで落ち着いたデザインのデラックスルーム

日本屈指の透明度の高いビーチが眼前に

+ 憧れポイント +

海や夕日を見ながら
リフレッシュ

開放感抜群の大浴場。サウナやマッサージルームも併設され優雅なひとときを

········· 料金 ·········
デラックスツイン 1泊朝食付き
÷ 2万7000円〜（時期により異なる）
🕐 IN 15時 OUT 12時

☎098-965-2222 🏠恩納村冨着66-1 🚗那覇空港から車で1時間（石川ICから車で10分）※空港リムジンバスあり 🚌送迎なし 🅿200台（1泊500円、最大1500円）●246室（デラックスツイン62室、メゾネットルーム19室他）● 2016年6月改装 MAP P151F3

恩納村

しぇらとんおきなわさんまりーなりぞーと

シェラトン沖縄
サンマリーナリゾート

ビーチ、プール、スパで一日中
ホテルで楽しめるビーチリゾート

ホテル内には、屋内プール、ウォータースライダー付き屋外プール、ジム、キッズプレイエリア、レストラン、バーを備え、カップルからファミリーまで幅広い客層のリゾートステイが楽しめる。400m続くサンマリーナビーチは環境省の水質調査で「AA」判定をされるほど美しく、マリンメニューも充実している。

本部町

おりおんほてる もとぶ りぞーとあんどすぱ

オリオンホテル モトブ
リゾート&スパ

沖縄美ら海水族館隣接
開放感にあふれた大型リゾート

目の前にはエメラルドビーチが広がり、沖縄美ら海水族館や備瀬のフクギ並木も徒歩圏内、やんばる観光に便利なオリオンビール所有の大型ホテル。2024年4月に一部改装を行い、沖縄食材を楽しむイタリアンレストランやホテル限定ビールを提供するBARが新設。天然温泉や屋内外プールなど多彩な館内施設を揃える。

+ 憧れポイント +

伊江島側のサンセットが
全客室から望める

季節によっては伊江島の向こうに日が落ちていく様子が眺められる

········· 料金 ·········
オーシャンツイン 1泊朝食付き
÷ 1万8700円〜
🕐 IN 14時 OUT 11時

☎0980-51-7300 🏠本部町備瀬148-1 🚗那覇空港から車で約1時間40分（許田ICから車で50分）🚌送迎なし 🅿200台（無料）●238室（オーシャンツイン133室、ベアフットルーム4室、オーシャンキッズ4室など）●2014年7月開業 MAP P154A2

全室正面に海が見えるオーシャンフロント

🏖ビーチまで5分以内の立地 🌊オーシャンビューの客室あり 💆エステ施設あり 🏊プール施設あり 🎣アクティビティ紹介あり

海が見えるツインルーム。プライベートバルコニーも

北谷町

ひるとんおきなわちゃたんりぞーと

ヒルトン沖縄北谷リゾート

ホテルから海やショッピングが簡単アクセスという最高の立地

ショッピングゾーンとして人気の美浜アメリカンビレッジ（☞P70）から徒歩1分とアクセス抜群。観光はもちろん、マリンアクティビティ、リラクゼーションなど、滞在中の多彩なニーズにこたえてくれるリゾートホテル。沖縄テイストを基調とした客室や沖縄最大級のカスケードプールなどラグジュアリー感にあふれたステイが満喫できる。60種類以上の料理が堪能できる朝食ビュッフェが人気。

✦ 憧れポイント ✦
最大5つのプールを満喫できる

隣接するダブルツリーのプールを含め最大5つのプールの利用が可能

·········· 料 金 ··········
公式HPで確認
🕐 IN 15時 OUT 12時

☎098-901-1111 🏠北谷町美浜40-1 🚌那覇空港から車で約40分（沖縄南ICから車で10分）※空港リムジンバスあり 🅿送迎なし 🅿200台（無料）●346室（スタンダード287室、エグゼクティブ47室、スイート12室）●2014年7月開業 MAP P148C1

プレミアツインルーム

✦ 憧れポイント ✦
約1万㎡のプールエリア

オールシーズンプール、流れるプールなど全6種類のプールを備える

·········· 料 金 ··········
プレミアツインルーム 1泊朝食付き
✤ 1万8000円～
🕐 IN 15時 OUT 11時

☎098-997-5550 🏠糸満市名城963 🚌那覇空港から車で約20分（豊見城・名嘉地ICから車で15分）※空港リムジンバスあり 送迎なし 🅿475台（有料）●443室 ●2022年7月開業 MAP P142A4

糸満市

りゅうきゅうほてるあんどりぞーと なしろびーち

琉球ホテル&リゾート 名城ビーチ

エレガントさを兼ね備えた南国リゾートで優雅に過ごす

自然豊かな国定公園内にある天然白砂ビーチ直結のラグジュアリーリゾート。県内最大級6種のプールは、大人も子どもも楽しめる流れるプールなども用意。ビーチとの行き来もでき、マリンアクティビティを楽しめるのもうれしい。全室サンセットオーシャンビューの客室をはじめ、多彩なレストラン&バーなど季節を問わず優雅なリゾートステイを満喫できる。

名護市

かぬちゃりぞーと

カヌチャリゾート

大自然に現われた癒しの"街"「いつ、誰と」に合わせて選べる滞在が叶う

やんばるの海や山に囲まれた約80万坪の広大な敷地内にゴルフコースやコテージを含む8つの宿泊棟、プール、レストラン、ショップなどが点在。敷地内はトロリーバスやカートで移動するなど、スケールの大きなリゾートだ。客室は18タイプから選べ、スパ、タイ古式などのリラクゼーション施設も揃う。また、アクティビティやクラフトメニューも種類豊富で、まるでひとつの街を思わせる程の充実ぶりだ。

✦ 憧れポイント ✦
優雅なプライベートジェットバス

オーキッドなど一部の客室のバルコニーに備えられたオープンジェットバス

·········· 料 金 ··········
オーキッド 1泊朝食付き
✤ 1万6000円～
🕐 IN 14時 OUT 11時

☎0570-018880 🏠名護市安部156-2 🚌那覇空港から車で約1時間20分（宜野座ICから車で20分）🅿送迎なし 🅿300台（1滞在1500円）●295室 ●1997年6月開業 MAP P153E2

南国の花々や緑に囲まれた抜群のロケーション

宿泊料金は「室料」記載の場合を除き、2名1室利用時の1名分の料金です。

沖縄ステイ ● 南の国の憧れホテル

ゆったり気分は小規模で贅沢に、プチリゾートで過ごす休日

女子旅や一人旅で静かなバカンスを過ごすなら
沖縄の自然に抱かれたプチリゾートでのんびりしてみましょう。

今帰仁村
わん すいーと ざ ぐらんど
One Suite THE GRAND

古宇利島の頂きに立つ
ラグジュアリーリゾート

海抜約100m、古宇利島の最上部に位置する。随所にハイセンスなアートが施された館内をはじめ、とてつもない開放感が楽しめるインフィニティプールなど贅を尽くした時間を過ごせる。また、レストランは東京西麻布に本店を構える創作和食「La BOMBANCE」が沖縄初出店。やんばるの恵みを堪能しよう。

☎0980-51-5770 住今帰仁村古宇利2451 交那覇港から車で約1時間40分（許田ICから車で40分）⊟送迎なし P25台（無料）●22室 ●2021年7月開業 MAP P155D1

1 東シナ海と一体化して見えるインフィニティプールは通年で利用可能（ただし常温）2 16室用意されどこからでも海が眺められるオーシャンフロント 3 ディナーコースのメインの一例

╌╌╌╌╌╌ 料金 ╌╌╌╌╌╌
オーシャンフロント 1泊朝食付き室料（2名）
÷6万500円〜
🕐 IN 15時 OUT 11時

恩納村
うみと ぷらーじゅ じ あった おきなわ
UMITO PLAGE The Atta Okinawa

規格外のプライベート感
ラグジュアリーなステイを

「琉球王国の邸宅」をコンセプトにしたラグジュアリーリゾート。花ブロックの重厚感ある外観など琉球の歴史や文化を感じることができる。客室は県内でも最大級の面積を誇る6タイプ9室。多くの客室にプライベートプールがあり、滞在のクオリティをあげてくれる。沖縄食材を使った朝食やコース料理が楽しめるレストランも楽しみだ。

☎098-970-8820 住恩納村安富祖1894-1 交那覇空港から車で約1時間10分（屋嘉ICから車で約20分）⊟送迎なし P12台（無料）●9室 ●2021年開業 MAP P152B3

1 メゾネットタイプの客室には国内最大級のプライベートプールが 2 吹き抜けで開放感たっぷりのリビング 3 フレンチシェフが手がけるコース

╌╌╌╌╌╌ 料金 ╌╌╌╌╌╌
デラックススイート 1泊2食付き
÷3万3000円〜
🕐 IN 15時 OUT 11時

ビーチまで5分以内の立地　オーシャンビューの客室あり　エステ施設あり　プール施設あり　アクティビティ紹介あり

名護市
かわせみのす
翡翠巣 KAWASEMINOSU

離島に佇む古民家の1棟宿
水盤や山原屏風が印象的

古宇利大橋まで車で約5分。屋我地島の静かな集落内にある築約70年の古民家をリノベーションしたプライベートヴィラ。屋敷の前には水が湛えられた水盤があり独特の雰囲気を醸し出している。内壁には幾重にも重ねた手漉き和紙が用いられ、水墨画の技法でやんばるの自然が描かれている。"山原屏風"と呼ばれるアートな世界観もこちらの特徴のひとつだ。

······· **料 金** ·······
1棟素泊まり（2名利用時）1室
÷4万4000円〜
🕐 IN 15時 OUT 11時

☎0980-52-8020 🏠名護市運天原527 🚗那覇空港から車で約1時間30分（許田ICから車で30分）🚐送迎なし 🅿2台（無料）●1室 ●2019年10月開業 🗺P154C2

1古民家と水盤が周囲の自然とマッチし['の']どかな雰囲気 **2**旅の疲れを癒すことができる露天風呂も好評 **3**内壁や天井など山原屏風で琉球と和の融合を楽しみたい

······· **料 金** ·······
カジュアルルーム　1泊室料
÷6万1600円〜
🕐 IN 15〜18時 OUT 8〜11時

☎0980-56-5661 🏠今帰仁村運天506-1 🚗那覇空港から車で約1時間50分（許田ICから車で約50分）🚐ホテルベルパライソ〜KAYATSUMAの送迎あり 🅿20台（無料）●ヴィラ4室 ●2022年4月リニューアル 🗺P154C2

1美ら海と古宇利島を望むリゾートヴィラ **2**4部屋全てオーシャンビュー **3**敷地内はリゾート感に溢れ散策するのも楽しい

今帰仁村
かやつま おきなわ ほてるあんどりぞーと
KAYATSUMA OKINAWA HOTEL&RESORT

古宇利島を臨む
大人のためのプライベートヴィラ

1日4組限定の絶景が魅力的な隠れ家のようなプライベートヴィラ。全室52㎡以上のゆったりした客室は、海を望むバスルームやテラスにはオープンジャグジーを完備。インフィニティプールにはサウナがあり、非日常を感じることができる。敷地内には白砂の美しいビーチがあり海水浴やサップ、カヤックなどアクティビティも楽しめる。沖縄の旬の食材を豊富に使ったレストランも併設。

本部町
せそこ さんすい
瀬底 山水

瀬底島を五感で楽しむ
大人の隠れ家

1棟まるまる貸し切りの本館は、鏡合わせで同じ間取りの部屋が2つ並ぶ贅沢なスタイル。グループはもちろん2世帯旅行でも寝室やバスルームなど、プライベート空間をしっかり確保することができるのも魅力。また、インフィニティプールからは瀬底大橋を望む抜群のロケーション。BBQ施設も完備し自由なひと時を満喫することができる。

······· **料 金** ·······
1泊素泊まり（2名利用時）
÷7万6000円〜
※人数により変動あり。8名利用は
　12万9200円〜
🕐 IN 15時 OUT 10時

☎080-3842-7748 🏠本部町瀬底2471-26 🚗那覇空港から車で1時間30分（許田ICから車で30分）🚐送迎なし 🅿2台（無料）●1棟 ●2016年10月開業 🗺P154A3

1沖縄らしさを感じさせるインテリアで落ち着いた雰囲気 **2**瀬底島の風景に溶け込むインフィニティプールで絶景を独り占め **3**プールと海が見渡せる浴室は非日常感たっぷり

※宿泊料金は「室料」記載の場合を除き、2名1室利用時の1名分の料金です。

那覇市内のホテル

シンプルなシティホテルから
都会派リゾートまで、アクセス
便利な那覇ステイ。

県庁前

おもろふぁいぶおきなわなは ばい ほしのりぞーと
OMO5沖縄那覇
by 星野リゾート

街を楽しむサービスが満載
星野リゾートが展開するブランド「OMO」の国内5施設目となる「街ナカ」ホテル。ホテルスタッフの情報が詰まった「ご近所マップ」やOMOレンジャー(ガイド)と街歩きが楽しめる「ご近所アクティビティ」など旅のサポートが充実。●DATA☎050-3134-8095 ⓗ那覇市松山1-3-16 ⓧゆいレール県庁前駅から徒歩6分 Ⓟ44台(有料) Ⓨ1泊室料1万6000円～ ⓘIN15時 OUT11時 ●190室(やぐら54室、ダブル83室他)●2021年5月開業 ⓂⒶⓅP146A2

旭橋

りーがろいやるぐらんおきなわ
リーガロイヤル
グラン沖縄

好アクセスと上質な空間が魅力
14階建てのホテルはゆいレール旭橋駅・那覇バスターミナルに直結、アクセス抜群。那覇の夜景が楽しめる最上階のレストランでは、厚切りの特製ローストビーフが味わえる。●DATA☎098-867-3331 ⓗ那覇市旭町1-9 ⓧゆいレール旭橋駅と直結、徒歩2分 Ⓟ約100台(1泊1500円) Ⓨツイン禁煙(1泊朝食付き) 2万円～ ⓘIN15時 OUT11時 ●157室(うちスイート5室)●2012年6月開業 ⓂⒶⓅP144C3

県庁前

ほてる ろこあ なは
ホテル ロコア ナハ

観光にもビジネスにも好立地
国際通り県庁側入口に立地し、駅近でアクセス便利。朝食は和食、洋食、沖縄料理が約50種類以上の豊富な品揃えが魅力。若者男女問わず楽しめるバイキングとして全国的に評価が高い。●DATA☎098-868-6578 ⓗ那覇市松尾1-1-2 ⓧゆいレール県庁前駅から徒歩2分 Ⓟ45台(1泊1500円)※営業時間外入出庫不可 Ⓨエコノミーツイン(1泊室料) 1万7000円～ ⓘIN14時 OUT11時 ●222室 ●2008年9月開業 ⓂⒶⓅP146B3

県庁前

ほてる これくてぃぶ
ホテル コレクティブ

洗練された空間で贅沢なステイを
国際通りの真ん中に立つ大型シティホテル。25mのアウトドアプールを備えるほか、全客室30㎡以上のゆったりとした造りで極上のリラックスタイムを過ごせる。●DATA☎098-860-8366 ⓗ那覇市松尾2-5-7 ⓧゆいレール県庁前駅から徒歩7分 Ⓟ150台(1泊1500円) Ⓨスーペリアツイン(1泊朝食付き) 1万3200円～ ⓘIN15時 OUT11時 ●260室(スーペリアツイン208室、デラックスツイン24室、プレミアムツイン18室他)●2020年1月開業 ⓂⒶⓅP146C3

美栄橋

ほてる すとれーた なは
ホテル ストレータ 那覇

緑豊かな空間でくつろぎのひとときを
ゆいレール美栄橋駅の目の前。客室は木の温かみを基調としながら、地層(STRATA)をイメージした左官仕上げの壁など自然の要素を取り入れたりラックスできる空間。琉球の森をイメージした全長14mの屋外プールもある。●DATA☎098-860-7400 ⓗ那覇市牧志1-19-8 ⓧゆいレール美栄橋駅からすぐ Ⓟ48台(1泊1500円) Ⓨコンパクト(1泊室料) 1万円～ ⓘIN15時 OUT11時 ●221室(ダブル113室、ツイン38室他)●2020年4月開業 ⓂⒶⓅP146C1

美栄橋

りっちもんどほてるなはくもじ
リッチモンドホテル那覇
久茂地

顧客満足度上位のホテルグループ
国道58号沿いにあり、観光にもビジネスにも利便性が良い立地。清潔感と快適性を追求した客室は、ユニバーサルツインも4部屋完備。女性客には専用のアメニティグッズを用意。●DATA☎098-869-0077 ⓗ那覇市久茂地2-23-12 ⓧゆいレール美栄橋駅から徒歩3分 Ⓟ64台(1泊1500円)※先着順 Ⓨツイン(1泊室料) 1万3000円～ ⓘIN14時 OUT11時 ●238室(シングル138室、ツイン38室他)●2004年4月開業 ⓂⒶⓅP146B1

美栄橋

じぇいあーるきゅうしゅうほてる ぶらっさむなは
JR九州ホテル
ブラッサム那覇

沖縄を感じられる癒しのステイを提案
沖縄の伝統建築をモチーフにリゾート感を演出するたたずまいや、空と海、和のテイストを感じられる客室でゆっくりくつろげる。沖縄初出店のステーキハウスも。●DATA☎098-861-8700 ⓗ那覇市牧志2-16-1 ⓧゆいレール美栄橋駅から徒歩5分 Ⓟ102台(1泊1500円※最大24時間まで) Ⓨツイン(1泊室料) 3万7200円～ ⓘIN15時 OUT11時 ●218室 ●2017年6月開業 ⓂⒶⓅP147D2

美栄橋
ほてるじゃるしてぃなは
ホテルJALシティ那覇

沖縄観光のベストロケーション
国際通りのど真ん中にありながら、表通りの喧騒を感じさせない安らぎの空間。地元で人気のレストランでは、和洋に加え沖縄の食材と食文化を楽しめる朝食ビュッフェを堪能できる。**DATA** ☎098-866-2580 🏠那覇市牧志1-3-70 🚃ゆいレール美栄橋駅から徒歩8分 🅿85台(1日1800円) 💴ツインルーム(1泊室料朝食付き)2万2000円〜 🕐IN15時 OUT11時 ●302室(シングル64室、ツイン197室他) ●2006年6月開業 **MAP**P146C2

牧志
ほてるぱーむろいやる なはこくさいどおり
ホテルパームロイヤル NAHA国際通り

国際通りでリゾート気分
屋外ウォールスルーブールとプールサイドダイニングを備え、国際通りのど真ん中にありながら開放的に過ごせる。アジアンテイストの大浴場やアートギャラリーもある。**DATA** ☎098-865-5551 🏠那覇市牧志3-9-10 🚃ゆいレール牧志駅から徒歩4分 🅿70台(近隣契約駐車場利用、有料) 💴セミダブル(1泊室料)7000円〜 🕐IN15時 OUT11時 ●170室(セミダブル96室、パームロイヤルツイン20室他) ●2005年7月開業 **MAP**P147D2

牧志
だいわろいねっとほてるなはこくさいどおり
ダイワロイネットホテル 那覇国際通り

駅直結さいおんスクエアにオープン
柔らかな色調の落ち着いた客室。ダブルルームでは幅154cmの広々ベッドサイズがうれしい。国際通り沿いにあり、ゆいレール牧志駅に直結していてアクセス至便。**DATA** ☎098-868-9055 🏠那覇市安里2-1-1 🚃ゆいレール牧志駅と直結、徒歩1分 💴ツイン(1泊室料朝食付き)1万2500円〜 🕐IN14時 OUT11時 ●261室(ツイン99室、ダブル162室) ●2011年7月開業 **MAP**P147F2

安里
ひゅーいっとりぞーとなは
ヒューイットリゾート那覇

街中とは思えないリゾート感
国際通りからすぐの好立地にあり、最上階にあるインフィニティ・エッジ・プールから那覇市内を望む眺望が魅力。同フロアにはグリルレストランやバーもあり、くつろぎのひとときを過ごせる。**DATA** ☎098-943-8325 🏠那覇市安里2-5-16 🚃ゆいレール安里駅から徒歩3分 🅿84台(1泊1650円) 💴スタンダードツイン(1泊朝食付き)8500円〜 🕐IN15時 OUT11時 ●331室(スタンダードダブル55室、スタンダードツイン225室他) ●2021年7月開業 **MAP**P147F1

牧志
はいあっと りーじぇんしー なは おきなわ
ハイアット リージェンシー 那覇 沖縄

那覇の中心部でラグジュアリーステイ
高層階客室からは市内を眺望。館内には沖縄の名工による琉球ガラス作品が展示され、琉球文化とラグジュアリーが融合したハイクラスのサービスを提供。**DATA** ☎098-866-8888 🏠那覇市牧志3-6-20 🚃ゆいレール牧志駅から徒歩7分 🅿113台(1泊1500円) 💴デラックスツイン(1泊室料朝食付き)2万4000円〜 🕐IN15時 OUT11時 ●294室(スタンダードツイン80室、デラックスツイン117室他) ●2015年7月開業 **MAP**P147D3

美栄橋
ほてるあくあちったなは
ホテルアクアチッタナハ

開放感抜群のシースルーブールが魅力
最上階にある那覇市内唯一のシースルーブール(利用時間10〜23時※19〜23時は利用料金1000円ワンドリンク付き)が人気。離島ターミナルも近く、慶良間諸島へのアクセスにも便利。客室には豊富なアメニティを揃え、ビジネスから観光まで快適に過ごせる。**DATA** ☎0120-996-941 🏠那覇市前島3-2-20 🚃ゆいレール美栄橋駅から徒歩5分 🅿62台(1泊1200円) 💴ツイン(1泊室料)1万円〜 🕐IN15時 OUT11時 ●231室(ダブル63室、ツイン133室他) ●2017年10月開業 **MAP**P144C2

美栄橋
ほてる あんてるーむ なは
ホテル アンテルーム 那覇

アートにふれる非日常的なステイ
「常に変化するアート&カルチャーの今」を発信するホテル。「沖縄の自然」をモチーフに、国内外で活躍する美術家・神谷徹氏をはじめとするアーティストとコラボしたコンセプトルームも用意。**DATA** ☎098-860-5151 🏠那覇市前島3-27-11 🚃ゆいレール美栄橋駅から徒歩12分 🅿50台(1泊1500円) 💴ダブル(1泊室料朝食付き)1万2000円〜 🕐IN15時 OUT11時 ●126室(ダブル32室、スーペリアツイン43室、ツイン24室他) ●2020年2月開業 **MAP**P144C1

おもろまち
ざ・なはてらす
ザ・ナハテラス

南国のアーバンリゾートホテル
那覇市の新都心に位置する閑静なホテル。ビジネスとリゾートを自在にスイッチできる、エグゼクティブな空間とサービスが提供される。テラス席もあるティーラウンジではアフタヌーンティーも楽しめる。**DATA** ☎098-864-1111 🏠那覇市おもろまち2-14-1 🚃ゆいレール牧志駅から車で5分 🅿110台(1泊1500円) 💴デラックスツイン(1泊室料朝食付き)3万2400円〜 🕐IN12時 OUT12時 ●145室(ツイン91室、キング34室、スイート20室) ●1999年8月開業 **MAP**P145D1

🍴朝食ブッフェあり ※宿泊料金は「室料」記載の場合を除き、2名1室利用時の1名分の料金です。

沖縄への交通

沖縄へのアクセスは那覇空港への航空便を利用しよう。便数が多いルートでもシーズン中は混み合うので予約は早めに。直行便がなく乗継ぐ場合は羽田、関西、福岡空港が便利。

🔵 飛行機

札幌(新千歳)
3時間50分
APJ

名古屋(中部)
2時間10〜25分
ANA、JTA、SNA、
SKY、JJP、APJ

大阪(関西)
2時間05〜25分
ANA、JTA、APJ、JJP

仙台
3時間05分
ANA

福岡
1時間40〜50分
ANA、JTA、SNA、SKY、
APJ

東京(成田)
3時間05分
APJ、JJP

沖縄
✈️ 那覇空港

大阪(伊丹)
2時間05〜15分
ANA、JAL

東京(羽田)
2時間35〜50分
ANA、JAL、SNA、SKY

神戸
2時間00〜10分
ANA、SNA、SKY

・航空のねだんは、搭乗日や利用する便、航空会社の空席予測で変わりますので、各社のウェブサイトでご確認ください。
（2024年4月現在）

💡 プランニングのヒント

沖縄への旅をよりおトクにするには、航空運賃をいかに安く押さえるかが最大のポイント。航空会社の早期購入タイプの運賃やLCCの利用など、インターネットで格安なプランを探してみよう。ただしおトクな運賃は、座席数に限りがあり、予約変更不可、取消料が割高などの条件があるので、注意が必要。

🏷️ お得に手配するには

❶航空会社の各種運賃を利用する

スーパーバリュー75/55/45/28/21（ANA）
スペシャルセイバー（JAL）
ANAは355〜21日前まで、JALは360〜28日前までに予約すると、航空運賃が最大80%前後の割引になる。

バリュー（ANA）・セイバー（JAL）
21日前（JALのみ）、7日前または3日前まで（ANAの一部路線とJALは前日まで）予約ができる。割引率は季節や曜日、時間帯、便によって異なる。

❷SKYやLCCの利用

那覇空港に運航するスカイマーク（SKY）は、運賃が大手に比べて安いうえ、変更可能な割引運賃もあり便利。また、新千歳・成田・中部・関西・福岡空港からはLCCの利用も考えられる。ただし大手とは運賃システムなど利用条件が異なるので注意。

❸格安フリープランのツアーを利用

往復の飛行機とホテルの宿泊がセットになったパッケージツアーは、飛行機、ホテルをバラバラに予約するより、シーズンによってはかなり格安な料金設定になっているものがある。利用する便が決まっていたり、選べるホテルが限定されていたりと制約もあるが、自分の希望にあうものがみつかれば、かなり旅費がおトクになる。

☎️ 問合せ先

全日空（ANA） ☎0570-029-222
日本航空（JAL）／日本トランスオーシャン航空（JTA）
　　☎0570-025-071
ソラシドエア（SNA） ☎0570-037-283
スカイマーク（SKY） ☎0570-039-283
ピーチ（APJ） ☎0570-001-292
ジェットスター（JJP） ☎0570-550-538

空港から各エリアへの交通

空港から那覇市内へはゆいレールかタクシーで。リゾートホテルへ直行するなら空港リムジンバスやエアポートシャトルタクシーが楽。

🌸 空港リムジンバスなど

恩納村へ（高速利用）
那覇空港から車1時間
ANAインターコンチネンタル万座ビーチリゾート（空港から53km）まで
- 空港リムジンバス 1時間20～40分 1730円
- シャトルタクシー 1時間10分 小型8000円～（高速料金含めず）

- 車15～20分
那覇市街へ
県庁前（空港から5km）まで
- タクシー 約1400円
- ゆいレール 13分 270円
- 路線バス 10～18分 260円

ゆいレール （P138参照）

読谷村へ（高速利用）
那覇空港から車1時間10分
ホテル日航アリビラ（空港から34km）まで
- 空港リムジンバス 1時間23～54分 1410～1530円
- シャトルタクシー 1時間10分 小型6000円～（高速料金含む）

許田IC
屋嘉IC
石川IC
沖縄南IC
北中城IC
西原IC
西原JCT

名護市へ（高速利用）
那覇空港から車1時間15分
名護市役所前（空港から75km）まで
- 高速バス111・117系統 1時間31～57分 2520円

那覇空港から車45分
沖縄市へ（高速利用）
コザ（胡屋）（空港から31km）まで
- タクシー 約7000円（高速料金含めず）
- 路線バス113系統（高速経由）55分～1時間10分 1230円

てだこ浦西
県庁前
旭橋
首里

那覇空港

- 車25分
糸満市へ
糸満ロータリー（空港から12km）まで
- タクシー 約2900円
- ゆいレール 4分（赤嶺駅乗換え）＋路線バス89系統17～32分 合計810円

那覇バスターミナル
赤嶺
豊見城・名嘉地IC
那覇IC
沖縄自動車道
那覇空港自動車道（無料）

🌸 空港リムジンバス

本島中部や北部の主要なリゾートホテルに向かうなら、空港リムジンバスの利用が便利。那覇バスターミナルからの乗車も可能だ。現金で乗車することができないので、事前に乗車券の購入が必要。那覇空港到着ロビーのリムジンバス案内センターや那覇バスターミナルなどで発売している。当日空席があれば乗車することができるが、インターネットや全国のコンビニで予約・購入できるので、早めに予約・購入しよう。

方面	おもな運行ルート	所要時間	運賃
宜野湾・北谷	**Aエリア行き** 沖縄プリンスホテルオーシャンビューぎのわん～ダブルツリーbyヒルトン沖縄北谷リゾート	35分～1時間24分	600円～810円
宜野湾・北谷・読谷	**ABエリア行き** 沖縄プリンスホテルオーシャンビューぎのわん～グランドメルキュール沖縄残波岬リゾート	40分～2時間25分	600円～1530円
読谷	**Bエリア行き** ルネッサンスリゾートオキナワ～星のや沖縄	1時間02分～1時間42分	1530円
西海岸・恩納南	**Cエリア行き** ザ・ムーンビーチミュージアムリゾート～ANAインターコンチネンタル万座ビーチリゾート	1時間10分～1時間40分	1530円～1730円
西海岸・恩納南北	**CDエリア行き** ザ・ムーンビーチミュージアムリゾート～かねひで喜瀬ビーチパレス	1時間10分～2時間17分	1530円～2240円
恩納北・名護・本部	**DEエリア行き** ANAインターコンチネンタル万座ビーチリゾート～オリオンホテルモトブリゾート＆スパ	1時間20分～2時間50分	1730円～2550円

🌸 シャトルタクシー

空港からリゾートホテルに直行する予約制のタクシー。行き先によって料金が決まっており、到着便に合わせてドライバーが到着ロビーで迎えてくれる。ホテルのチェックイン前や、帰路の空港までの間にミニ観光ができるプランも。詳しくは沖縄観光タクシー「デイゴ会」へ。

行き先ホテル	所要時間	ねだん（小型車1台）
ザ・ビーチタワー沖縄	50分	5000円
ホテル日航アリビラ	1時間10分	6000円
ルネッサンス リゾート オキナワ	1時間10分	7000円
ANAインターコンチネンタル万座ビーチリゾート	1時間10分	8000円
ザ・ブセナテラス	1時間30分	9000円
オリオンホテルモトブリゾート&スパ	2時間	1万3000円
オクマプライベートビーチ&リゾート	2時間10分	1万5000円

※所要時間は高速道路を利用した場合の目安で、高速料金は別途必要。
※那覇空港から小型（4人乗り）片道1台の料金。朝9時以前や夕方17時以降は割増料金になる。観光施設への寄り道は、予約時に申し込む。

☎ 問合せ先

空港リムジンバス	☎098-869-3301	沖縄バス	☎098-862-6737	沖東交通	☎0120-21-5005
那覇バス	☎098-867-6083	東陽バス	☎098-947-1040	沖縄観光タクシー「デイゴ会」	
琉球バス交通	☎098-863-2821	沖縄交通	☎098-868-8444	（シャトルタクシー）	☎090-3793-8180

交通ガイド ● 沖縄への交通

沖縄での交通

那覇市内での移動には、路線バスよりも渋滞に影響されないゆいレールが便利。
中長距離の移動は路線バス利用だが、渋滞で遅れることが多いので時間に余裕を。

 ゆいレールでまわる

那覇空港駅から首里駅を経由し、てだこ浦西駅までを37分で結ぶ沖縄唯一の鉄道（モノレール）。日中10分間隔、ラッシュ時は4～8分間隔で運行しており、道路の渋滞に巻き込まれず定時運行が強み。空中から眺める那覇市内の車窓風景も魅力的だ。Suicaなど主要な交通系ICカードでも利用できるので、旅行者にも便利。

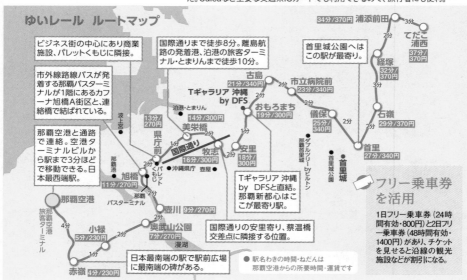

ゆいレール ルートマップ

ビジネス街の中心にあり商業施設、パレットくもじに隣接。

国際通りまで徒歩8分。離島航路の発着港、泊港の旅客ターミナル・とまりんまで徒歩10分。

首里城公園へはこの駅が最寄り。

市外線路線バスが発着する那覇バスターミナルが1階にあるカフーナ旭橋A街区と、連絡橋で結ばれている。

那覇空港と通路で連絡。空港ターミナルビルから駅まで3分ほどで移動できる。日本最西端駅。

日本最南端の駅で駅前広場に最南端の碑がある。

Tギャラリア 沖縄 by DFSと直結。那覇新都心はここが最寄り駅。

国際通りの安里寄り、蔡温橋交差点に隣接する位置。

浦添前田 34分/370円 3分
てだこ浦西 37分/370円 2分
経塚 32分/370円 3分
石嶺 29分/370円 2分
首里 27分/340円 2分
儀保 25分/340円 2分
おもろまち 19分/300円 2分
市立病院前 23分/340円 2分
古島 21分/340円 2分
美栄橋 14分/300円 1分
泊港・とまりん
Tギャラリア 沖縄 by DFS
県庁前 13分/270円 1分
国際通り
牧志 16分/300円 2分
安里 18分/300円
ダブルツリー by ヒルトン
首里城公園
首里城
パレットくもじ
旭橋 11分/270円 2分
那覇バスターミナル
沖縄県庁
那覇空港 旅客ターミナル 4分
壺川 9分/270円 2分
奥武山公園 7分/270円
漫湖
小禄 5分/230円 2分
赤嶺 4分/230円 1分
波上宮

● 駅名わきの時間・ねだんは那覇空港からの所要時間・運賃です

フリー乗車券を活用

1日フリー乗車券（24時間有効・800円）と2日フリー乗車券（48時間有効・1400円）があり、チケットを見せると沿線の観光施設などが割引になる。

そのほかの移動手段

タクシー
沖縄本島のタクシーは、初乗りが600円、加算運賃が100円。那覇空港から那覇市街へは15～20分、1400円程度。那覇市内なら夜間でも流しのタクシーが多いので、市内の移動にも利用しやすい。

観光タクシー
あちこち観光してまわるには、観光タクシーがおすすめ。タクシー会社や個人タクシーグループがモデルコースを設定しているほか、フリープランもある。那覇を起点とした所要時間の目安は、南部が4～6時間、中部が6～8時間、北部が8～10時間。料金の目安は普通車で1時間ごとに4000円だが、多くの会社や個人タクシーグループが割引料金を設定しているので問い合わせてみよう。

路線バス
那覇と郊外を結ぶ路線バス（市外線）のほとんどは、ゆいレールの旭橋駅（那覇空港から11分、270円）と連絡橋で結ばれた再開発ビル・カフーナ旭橋A街区の1階にある、那覇バスターミナルを発着している。空港からも名護行き高速バスや、やんばる急行バスなどが出ている。

定期観光バス
那覇を起点に南部方面と北部方面のコースを以下の2社がほぼ毎日運行している。

▶ 那覇バス Aコース

●首里城・おきなわワールドコース 6500円（昼食付）

那覇バスターミナル発9：00→首里城公園（入場料別途必要）→おきなわワールド（入場料込み・昼食付き）→平和の礎・平和祈念公園→ひめゆりの塔→道の駅いとまん→那覇空港着→那覇バスターミナル着16：00 ※ほかにBコース：古宇利島・今帰仁城跡・美ら海コースなどあり

▶ 沖縄バス Bコース

●海洋博公園（沖縄美ら海水族館）と今帰仁城跡 7300円（昼食付・沖縄美ら海水族館の入館料は別途必要）

那覇（沖縄バス本社定期観光バスのりば）発8：30→万座毛 →オリオンホテルモトブリゾート＆スパ（昼食バイキング）→海洋博公園（沖縄美ら海水族館）→今帰仁城跡→那覇着18：30 ※ほかにAコース：おきなわワールドと戦跡めぐりなどあり

ドライブ／レンタカーでまわる

■沖縄自動車道 通行料金&距離

1610	1550	1130	990	760	520	270	許田
1400	1340	920	780	520	270	宜野座	9.2
1210	1150	730	590	270	金武	8.2	17.4
1010	950	520	370	石川	8.5	16.7	25.9
780	720	300	沖縄北	8.5	17.0	25.2	34.4
650	580	沖縄南	5.1	13.6	22.1	30.3	39.5
豊見城・名嘉地		27.5	32.6	41.1	49.6	57.8	67.0
那覇		17.8	22.9	31.4	39.9	48.1	57.3

・高速料金は普通車のものです。　　　　　　　　　　(上段：円、下段：km)

ドライブのポイント

1 "バスレーン"にご注意
那覇市内の国道58・507号、国際通りなどでは、土・日曜、祝日、1月2・3日を除く毎日、朝夕に「バスレーン規制」が行われる。一番左の車線がバスレーンになり、一般車は走行できない。違反すると反則金を取られ減点になるので、標識を見逃さないように。規制の範囲、時間は沖縄県警察のホームページで。

2 "中央線"が移動します
一定時間、道路のセンターライン（中央線）をずらすことで、渋滞緩和を狙ったもの。松川西〜安里十字路間の県道29号や、国場〜旭町間の国道507号〜330号などでラッシュ時に実施される。

3 "渋滞"が激しいです
那覇市街の国際通りや、空港に向かう国道58号は渋滞の激しいエリア。返却場所をおもろまちのTギャラリア 沖縄 by DFS内にあるレンタカー会社の営業所にして、空港までゆいレールで向かえば、この渋滞を避けられ、空港への到着時間がよみやすい。

4 国際通りが通行止になる
国際通りの県庁北口〜蔡温橋間は、毎週日曜の12〜18時「トランジットモール」が実施される。10系統のバスなど認められた公共交通を除き、一般車両は通行禁止となるので注意。雨天中止になる場合もある。

レンタカー利用のポイント

1 出発前に必ず予約をしよう。
予約は各レンタカー会社へ予約、ツアーを申し込む時に一緒にする、航空券とセットで申し込むなどの方法がある。

2 借りる場所、返す場所を決める。
●那覇空港
　空港の到着ロビーに各レンタカー会社のスタッフが待機していて、送迎車で近くの営業所まで行き、手続きをする。
●那覇市内の営業所
　市街の渋滞を避けるためには国際通り、美栄橋、おもろまち（Tギャラリア 沖縄 by DFS内）など市内主要エリアの、各レンタカー会社の営業所が便利。

☎ 問合せ先

ゆいレール（沖縄都市モノレール）
　　　　　　☎098-859-2630
那覇個人タクシー事業協同組合
　　　　　　☎0120-57-7852
沖縄観光タクシー「デイゴ会」
（シャトルタクシー）☎090-3793-8180

那覇バス＜定期観光バス＞
　　　　　　☎098-868-3750
沖縄バス＜定期観光バス＞
　　　　　　☎098-861-0083
NEXCO西日本　☎0120-924863
トヨタレンタカー　☎0800-7000-111

ニッポンレンタカー　☎0800-500-0919
日産レンタカー　☎0120-00-4123
オリックスレンタカー　☎0120-30-5543
タイムズカーレンタル　☎0120-00-5656
OTSレンタカー　☎0120-34-3732
バジェット・レンタカー
（那覇空港店）　☎050-5536-4485

沖縄の知っておきたい
エトセトラ

沖縄へ旅立つ前に、沖縄のあれこれをお勉強しましょう。
世界自然遺産や季節のお祭り、旬のフルーツについても要チェックです。

世界自然遺産

2021年7月登録

あまみおおしま、とくのしま、おきなわじまほくぶおよびいりおもてじま
奄美大島、徳之島、沖縄島北部及び西表島

貴重な固有種が生息・生育する4つの島

鹿児島県の奄美大島と徳之島、沖縄県の沖縄本島北部（やんばる）と西表島の総面積4万2000ha以上のエリアが新たに世界自然遺産に登録。現在も固有性の高い生態系を有し、絶滅の恐れがある希少種が生息・生育する「生物の多様性」が登録の決め手になった。

おきなわじまほくぶ（やんばる）
沖縄島北部（やんばる）

大宜味（おおぎみ）、国頭（くにがみ）、東（ひがし）の3村からなるエリア。国内最大規模の照葉樹林の森には、ヤンバルクイナをはじめとする、やんばるにしかいない希少な動植物が多数生息・生育している。

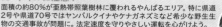

ロードキルに注意
面積の約80%が亜熱帯照葉樹林に覆われるやんばるエリア。特に県道2号や県道70号ではヤンバルクイナやケナガネズミなど希少な野生生物の交通事故が問題に。法定速度を守りやさしい運転を心がけよう。

いりおもてじま
西表島

沖縄では2番目に大きな島で、その大部分が原生林で占められている。イリオモテヤマネコをはじめとする島固有の生き物が多数生息することから、東洋のガラパゴスともよばれ、島の9割が世界自然遺産の登録範囲となっている。

●世界文化遺産「琉球王国のグスク及び関連遺産群」は➡P54参照

やんばるで会える動植物

全国的に知られるヤンバルクイナをはじめ、チョウやトカゲなど固有種を探してみましょう。また、亜熱帯らしいやんばるの森を形成する植物はどれも個性的。訪れたらぜひ探してみて。

ヤンバルクイナ
やんばる固有種で、日本で唯一飛べない鳥として知られる。国の天然記念物。

ノグチゲラ
やんばるの森だけに棲むキツツキ。国の特別天然記念物で沖縄の県鳥。

オキナワキノボリトカゲ
名前の通り木に登るトカゲ。山中や森だけでなく集落に近い木にもよく現れる。

リュウキュウハグロトンボ
光沢のある細い体に青みがかった黒い羽を持つ。琉球列島の固有種。

コノハチョウ
羽の裏側が枯葉のように見えることからこの名が付いた。沖縄県の天然記念物。

イタジイ（スダジイ）
やんばるの森を多く構成し緑の樹冠がブロッコリーのようにも見える。

オキナワウラジロガシ
琉球列島に分布するブナの木で、大きなドングリの実がなるのが特徴。

ヒカゲヘゴ
高さ10m以上にもなるシダ。湿度が高く日当りのいい場所に生える。

祭・イベント

年中行事や祭りの多い沖縄。エイサーなど、歴史のなかで伝承された祭りはどれも壮大なものばかり。
※詳細はHPなどでご確認下さい

5月3〜5日 那覇ハーリー

ハーリーとは爬龍船競漕のこと。沖縄各地で開催されるハーリーのなかでも最大規模を誇る。
☎098-862-1442（那覇市観光協会）🏠那覇新港ふ頭
MAP P148A3

8〜9月ごろ 沖縄全島エイサーまつり

旧盆時に地域単位で開催される集団舞踊で、各地域のエイサーが集結し、勇壮な舞を披露する。
☎098-937-3986（沖縄全島エイサーまつり実行委員会）🏠コザ運動公園陸上競技場 MAP P148C1

9月末 糸満大綱引

長さ180mもの綱を引き合い、豊年・大漁祈願などを願う神事。勝負の結果で吉凶を占う。
☎098-840-8135（糸満市観光・スポーツ振興課）🏠糸満市糸満ロータリー付近 MAP P142A3

10月 那覇大綱挽まつり

まつり中日に開催される那覇大綱挽では、全長約200mのギネスブック公認の大綱を挽き合う。
☎098-862-3276（那覇市観光課）🏠那覇市久茂地交差点付近 MAP P146A2

11月初旬 首里城復興祭

首里城公園最大のイベント。首里城周辺では古式行列、国際通りでは琉球王朝絵巻行列が行われる。
☎098-886-2020（首里城公園管理センター）🏠首里城公園、国際通り

花

亜熱帯の気候が育んだ色鮮やかな植物。街なかで見かけるものも多く、トロピカルなムードを高めてくれる。

ヒカンザクラ（カンヒザクラ）

1〜2月に濃いピンクの花が咲く、沖縄を代表する桜。

ハイビスカス

赤や黄色の鮮やかな花をつけ、公園や垣根などで一年中見られる。

デイゴ

春から夏にかけ、赤い花が咲く、沖縄の県花。街路樹などで多く見られる。

イジュ

本島中北部の野山に自生し、梅雨の時期（5〜6月）に白い花をつける。

サガリバナ

沖縄の夏の風物詩として知られ、垂れた房に、淡く白い花が多数咲く。

旬のフルーツ

南国の太陽を浴びたフルーツは甘酸っぱくておいし〜！旅の間に一度は食べてみたい。

シークヮーサー

旬は8〜11月。沖縄ではジュースやレモンの代わりとして加えることが多い。

パッションフルーツ

酸味が強くプチプチっとした歯ごたえがたまらない。旬は1〜3月、6〜7月。

マンゴー

果物の王様といわれ、軟らかい果肉と濃厚な甘さが特徴。旬は7〜8月。

パイナップル

酸味と甘みのバランスが絶妙な、沖縄フルーツの代表格。旬は6〜9月。

ドラゴンフルーツ

旬は7〜9月。真っ赤な実が目を引く。ほんのり甘くさっぱりした味わい。

服装

沖縄ってどれくらい暑いの？寒いの？旅支度の前に季節に合った服装をチェックして、旅の準備をしましょう。

1〜2月
沖縄で最も寒い時期。北風が強いので、厚手の上着があった方が便利。

3〜4月
"うりずん"とよばれるさわやかな季節。薄手の羽織物でOK。

5〜6月
5月初旬に梅雨入り。夜は寒いが、日中は半袖でも過ごせる。

7〜8月
6月下旬梅雨明け。いよいよ夏本番なので、帽子は必需品。UV対策もしっかりと。

9〜10月
まだまだ残暑が続き、夏服でOK。10月下旬ごろから、夜は薄手の羽織物を。

11〜12月
沖縄では11月が衣替え。日中は暖かいが、夜はジャケットが必要なことも。

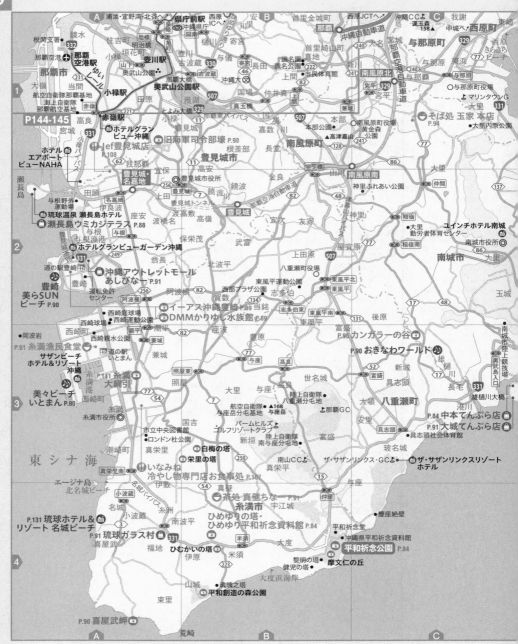

中城湾

当添漁港

馬天児童公園
馬天港

富祖崎公園

知名崎

▲須久名山

安座真港

♪守礼CC

↓あざまサンサンビーチ

斎場御嶽
吉富

331

佐敷城跡
佐敷

がんじゅう駅・南城

知念岬公園
知念岬

航空自衛隊
知念分屯基地

86

陸上自衛隊
知念分屯地

知念城跡

P143右下

観慶原

86

琉球GC

137

垣花樋川 P.90

知念

タマタ島

アージ島

アドチ島

コマカ島

久高海運

ハビャーン岬

ウガン浜
P.91 久高島

知念
イシキ浜

久高島船待合所

徳仁港 ♣エラブ岩

玉城城跡

受水走水
百名ビーチ

Cafe やぶさち P.87

山の茶屋 楽水 P.87

百名伽藍

↓新原ビーチ

奥武島

食堂かりか P.87

浜辺の茶屋 P.85

太　平　洋

斎場御嶽周辺

0　　　　500m N

中城湾

知名崎

海野

与那原へ

▲須久名山

知名

331

安座真港

久高海運

久高島へ

♪守礼CC

安座真

佐敷

↓あざま
サンサンビーチ

伊原

P.90 知念海洋レジャーセンター

南城市

知念中

斎場御嶽
P.55・85

P.85

知念小

ニライ橋・
カナイ橋

南風原

陸上自衛隊
知念分屯地

久手堅

リゾートレストラン
せいふぁー P.87

南城市
地域物産館 P.91

がんじゅう駅・南城

知念岬
公園 P.90

知念岬

太
平
洋

吉富

知念

86

吉富

アジアン・ハーブレストラン
カフェくるま P.86

南風原

知念城跡 P.85

↓糸満へ

本島南部

0　　　　1km N

天久(二)
浦添・宜野湾・沖縄市へ↗
首里末吉町(三)
首里大名町(一)
西原JCTへ↗

D
E
F

麺処ていあんだー P.95
古島インター
首里平良町
首里石嶺町(三)

なは市民協働プラザ●
那覇国際高
古島駅
末吉宮跡
153

てだこ浦西へ↗

新都心公園●
P.40
首里末吉町(二)
末吉公園

(沖縄都市モノレール)
(ゆいレール)
首里末吉町(三)

1

沖縄県立博物館・
美術館(おきみゅー)
市立病院前駅
82
さーたーあん
だーぎーの店
安室 P.41

那覇市
環状二号
儀保
首里久場川町

ハローワーク
アルモントホテル
那覇おもろまち
スーパーホテル
那覇・新都心
真嘉比
首里桃原町(二)
儀保駅
虎瀬公園

P.135 ザ・
ナハテラス
リブレガーデンホテル
古島
桃原本通り
首里儀保町
那覇
市役所支所

サンエー那覇メインプレイス P.115
松島
真嘉比川
首里バプテスト教会
首里大中町
82

Tギャラリア沖縄by DFS
おもろまち駅
首里池端町
首里駅
29

東横INN那覇
おもろまち駅前
330
ダブルツリーbyヒルトン
那覇首里城
29
坂下通り
守礼門
首里高
首里図書館

2

崇元寺公園
大道
ノボテル
沖縄那覇
首里城公園
首里城

旧崇元寺
石門
P146-147
沖縄ホテル
寒川緑地
金城町石畳道
崎山公園

牧志駅
安里駅
大道通り
松川(一)
沖縄工高
首里金城町

壺屋
那覇市立
壺屋焼物博物館
46
ひめゆり通り
三原
繁多川公園
金城ダム
繁多川(四)
沖縄
自動車道
那覇
西原JCTへ

松尾(二)
開南
P157

与儀公園
大石公園
識名霊園
首里崎山町
241
3

樋川
与儀
寄宮
識名(二)
真地
240

保健所
与儀
県立看護大
46
寄宮
長田
識名(三)
222
識名園 P.59
識名公園
222
首里
崎山町(四)
329

楚辺
330

光明寺
識名トンネル
環状二号
82
真和志高

沖縄大
沖縄尚学高
やんばる食堂 P.97
上間
市民体育館
兼城

国場
仲井真
上間
南風原北ICへ

古波蔵通り
真玉橋
国場
329
津嘉山
南風原高
329
82
4

爬龍橋
国場川
11
真玉橋
329
仲井真
507
南風原町
本部

豊見城高
豊見城市
507
八重瀬町へ↗
南風原南ICへ↗

D
E
F

沖縄ＭＡＰ

| | A | | B | | C | |

前浦添ベ・ー
前島(二)
那覇小

リッチモンドホテル那覇久茂地 P.134
ホテルブライオン那覇
那覇久茂地局
前島(一)

P.97 家庭料理の店まんじゅまい
松山(二)
美栄橋
GRGホテル那覇
ネストホテル
那覇久茂地
那覇久茂地
若松入口
美栄橋駅
沖映通り
ホテルタイラ
ホテルロコイン松山
P.134 ホテル ストレータ 那覇
P.106 Vita Smoothies

松山(一)
東横INN那覇国際通り
美栄橋駅
ジュンク堂

松山公園
ホテルエアウェイ
牧志(一) 緑ケ丘公園
P.26 POCO CAFE

松山通り
アパホテル那覇松山
P.40 沖縄居酒屋 抱瓶 久茂地店
58
P.134 OMO5沖縄那覇
by 星野リゾート
久茂地橋
P.113 おきなわ屋本店
ニューパラダイス通り P.28

那覇商高
P.97 お食事処 みかど
久茂地(二)
P.105 ライブハウス島唄
ホテル P.135
JALシティ那覇

大典寺
久茂地川
LITOR P.40
浮雲 cafe 牧志店

松山通り
P.141 那覇
大綱挽まつり
P.105 居酒屋
あっぱりしゃん
P.101 カラカラと
ちぶぐゎ〜
P.98 沖縄第一ホテル
銀通り

那覇空港→
久茂地
P.101 海産物料理と
泡盛の店
なかむら家
P.25 T&M COFFEE
牧志店

琉銀本店前
ホテルサンパレス球陽館
久茂地(一)
Southwest
Grand Hotel
那覇国際通り
国際通り P.22·24

那覇空港→
久茂地
おでん専門店
おふくろ
P.25 PUFFY SNOW
P.24 Zooton's
ふくぎや P.41
松尾
ホテル
コレクティブ
P.134

ホテル
サン沖縄
P.40 那覇市歴史博物館
(4F)
ホテルまるき
ワイズキャビン&ホテル
那覇国際通り
郷土料理あわもり
ゆうなんぎい P.101
ホテル
国際プラザ
ホテルニューおきなわ
MIMURI
P.111
浮島通り P.22·29

THE KITCHEN HOSTEL AO
県庁前駅
美栄橋郵便局
ホテルアベスト
那覇国際通り
Ryu Spa国際通り県庁前店 P.25
ライブ&居食屋 かなぐすく P.105
Splash okinawa 2号店 P.25

KARIYUSHI LCH
Izumizaki県庁前
コンフォートホテル那覇県庁前
県庁北口
県庁北口
ホテル
ロコア
ナハ
P.134
P.29 琉球ぴらす 浮島通り店
P.29 LA CUCINA SOAP BOUTIQUE

那覇市役所
A&W国際通り
松尾店 P.41
県庁北口
県庁前
わしたショップ 国際通り店 P.113
MANGO CAFE わしたショップ国際通り店 P.24
うみちゅらら 国際通り店 P.41
御菓子御殿 国際通り松尾店 P.113
松尾公園
松尾(二)

バスターミナル前
議会棟
沖縄県庁
県庁前通り
松尾(一)

泉崎(一)
わたんじ通堂町
沖縄県警察本部
那覇高
那覇高校前
平良クリニック

那覇バスターミナル

那覇中心
0   75m
徒歩約1分
沖縄県庁
那覇高校
那覇高

折込MAP
ハーバービュー通り
楚辺(一)

| A | B | C |

D　泊(一)　まるさし歯科　崇元寺公園　E　沖縄サンプラザホテル　安里　神徳寺　F

安里川

仲良橋

崇元寺　崇元寺　金満宮

旧崇元寺
石門

安里1

安里(三)

1

大道中央病院
安里(一)
安里新橋

崇元寺通り　P.101 小海　安里

ヒューイット
リゾート那覇　P.135

安里三差路

夜風にアイス 那覇店 P.28

マックスバリュ
牧志店

ホテル沖縄
withサンリオ
キャラクターズ

オリオンホテル
那覇

ホテルオーシャン
那覇国際通り P.135

COMMUNITY&SPA那覇
セントラルホテル

久高民藝店 P.41

ホテルサン・
クイーン

安里十字路

Fontana Gelato
P.26

牧志公園

安里　ダイワロイネットホテル
那覇国際通り P.135

牧志(二)

安里(二)　P.110 古酒と琉球料理
うりずん

ホテルアートステイ那覇

さいおんスクエア

JR九州ホテル
ブラッサム那覇
P.134

奈温橋

牧志駅

P.29 栄町市場

てんぷす前

牧志局　南西観光
ホテル
壺屋小

安里駅

安里(字)

フルーツ
市場
P.27

安里駅前

HOTEL AZAT

2

KUKURU OKINAWA 市場店
P.27

国際通り屋台村 P.40

ホテルパームロイヤル
NAHA国際通り P.135

嶺井医院

むつみ橋
ドン・
キホーテ

てんぷす
那覇

那覇市観光案内所 P.18

姫百合橋

the Sea P.26

珈琲屋台 ひばり屋 P.40

松原屋製菓
P.27

海想 平和通り店
P.26

希望ケ丘公園

安里川

安里橋

ぼーたま
牧志市場店 P.27

酔夢芝居舞
クラクラ P.31

ひめゆり通り

3

まぐわー
P.31

P.41 ふくら舎

花笠食堂 P.96

ハイアット リージェンシー 那覇 沖縄 P.135

食堂faidama P.22・99

ちとせ
商店街ビル

玩具ロードワークス P.41

妙徳寺

tituti OKINAWAN CRAFT P.110

那覇市立壺屋焼物博物館 P.32

那覇市第一牧志公設市場
P.23・30

育陶園
壺屋焼やちむん道場 P.33

あだん P.31

GARB DOMINGO
P.29

guma-guwa P.33

三原(一)

歩サーターアンダギー P.31

うつわスカート

壺屋やちむん通り
P.23・32

新里歯科医院

H&Bジェラ沖縄 P.31

琉球菓子処 琉宮
サンライズ店
P.40

うちなー茶屋
ぶくぶく P.33

330

STAND
EIBUN P.96

いろは屋

手作り陶房んちゃぜーく

壺屋(二)

アルファベッドイン
那覇国際通りEAST

4

開南

沖縄・黒糖ぜんざい専門店
ホシのシズク P.41

樋川(二)

寄宮

樋川(一)

D　開南　E　神原小　神原　壺屋　小禄へ　F　寄宮(一)

沖縄MAP ● 那覇中心

147

宜野湾・北谷周辺

0   1km   N

読谷・恩納へ

嘉手納町

P.103 GORDIE'S

砂辺馬場公園

P.71 Depot Island
P.71 Renny's Diner
P.71 ザ・カリフキッチン
P.71 ZHYVAGO COFFEE ROASTERY
P.71 ISORA GERATO&DONUT

シーサイドホテル
ザ・ビーチ

砂辺

レフ沖縄アリーナ
P.141 沖縄全島エイサーまつり

北谷町
米軍施設
嘉手納飛行場
コザ運動公園

沖縄南

下勢頭
上勢頭

諸見里
玉里

ホテル
コザ

P.118 Roger's
FOOD MARKET

山里

国体道路入口
P.131 ヒルトン
沖縄北谷リゾート

北谷ボウル
伊平

浜川漁港

上勢桑江公園
桃原公園

PLAZAHOUSE
SHOPPING CENTER

デポアイランド

うみんちゅ
ワーフ

北谷公園
桑江

南桃原

ライカム

P.70 美浜アメリカンビレッジ

ベッセルホテル カンパーナ沖縄
P.81 北谷公園サンセットビーチ
P.108 ブルーシール 北谷店

美浜

北谷公園

謝苅

吉原

EMウェルネス暮らしの
発酵ライフスタイルリゾート

屋内運動場

東　シ　ナ　海

アラハビーチ

北谷

瑞慶覧
瑞慶覧

屋宜原

P.103 The Rose Garden

北前

普天満宮 🎌

喜舎場 スマート

6:00-22:00 北中城
（那覇行のみ） 村役場

安谷屋

荻道

P.103 タコス専門店 メキシコ
P.81 TACOMARIA

P.81 琉京甘味 SANS SOUCI

伊佐北

北中城

P.118 ハッピーモア市場
tropical店

ラグナガーデンホテル

伊佐

普天満宮

P.80 ぎのわん海浜公園トロピカルビーチ

宜野湾海浜公園

沖縄プリンスホテル
オーシャンビューぎのわん

P.115 フレッシュプラザユニオン 宇地泊店

市立
野球場

宜野湾市役所

中原

CHICAGO ANTIQUES on
ROUTE58 P.81

米軍施設
普天間飛行場

オーシャン
キャッスル
CC

宜野山

ムーンオーシャン宜野湾 ホテル&レジデンス
ホテルアラクージュオキナワ

大山貝塚

宜野湾市

陶房 火風水 P.111

P.69 Proots-okinawa local goods store

森川の塔
森川公園
市立博物館

A&W牧港店 P.108

牧港

中城PA

新城

中城村役場

P.69 黒糖カヌレ ほうき星 港川本店
P.69 AMERICAN WAVE
P.68 [oHacorté] 港川本店

マチナトボウル
まちなと公園

嘉数高台公園
P.80

愛知

吉の浦公園

中城村

安里

伊祖公園

ギノワンボウル
比屋良

中城村役場

中の浦公園

泉小公園

牧港川

嘉数

我如古

南上原

奥間

屋富祖
屋宜祖

浦添市
陸上競技場

琉球大

高江洲そば

パブリックゴルフ
うらそえ

西原

千原

浦添市美術館
浦添市役所

浦添ようどれ
P.80

徳佐田

琉球大医学部

西原町

小湾

安波茶

大平

てだこ浦西駅

那覇ハーリー P.141

那覇新港
フェリーターミナル

経塚駅

浦添
前田駅

西原運動
公園

沖縄キリスト教
学院大

沖縄グリーンセンター

和宇慶

石嶺本通り

幸地

小橋川

掛保久

P144-145

古島駅

病院
前駅

真嘉比

石嶺駅

西原JCT

西原町役場

与那城

那覇市

ゆいレール

おもろ
まち駅

松川

首里儀保町

首里末吉町

首里汀良町

西原入口

町立図書館

安室

与那城

首里城

栄町駅

美栄橋駅

牧志駅

安里駅

大道

首里

首里鳥堀町

南風原町

与那原

牧志

久茂地

首里金城町

那覇空港
自動車道

沖縄CC
運玉森
▲158

与那原町

県庁前駅

壺川駅

沖縄県庁

南風原北ICへ

那覇東バイパスへ

77

西原きらきらビーチ

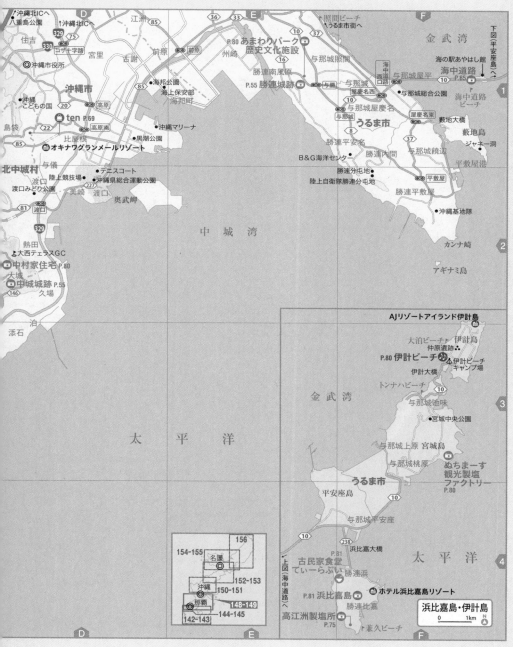

沖縄北ICへ
八重島公園
↑沖縄北ICへ
住吉
D
江洲
85
36
33
照間ビーチ
うるま市街へ
37
E
10
F
金武湾
下図(平安座島)へ↓
ロザイ字路
330
329
75
宮里
古謝 前原
州崎
前原
P.80 あまわりパーク
歴史文化施設
与那城照間
海の駅あやはし館
海中道路 P.65
◎沖縄市役所
沖縄市
高原
20
こどもの国
沖縄
22
島袋
ten P.69
比屋根
海邦公園
海上保安部
海邦町
勝連南風原
与那城照間
海中道路入口
与那城屋平
37
10
P.55 勝連城跡
屋慶名西
与那城名護
10
与那城屋慶名
屋慶名東
海中道路
ビーチ
藪地大橋
藪地島
ジャネー洞
オキナワグランメールリゾート
沖縄マリーナ
黒潮公園
勝連平安名
うるま市
B&G海洋センター
勝連内間
与那城饒辺
平敷屋港
北中城村
与儀
テニスコート
陸上競技場
沖縄県総合運動公園
渡口
渡口みどり公園
美崎
渡口
奥武岬
勝連分屯地
陸上自衛隊勝連分屯地
平敷屋
勝連平敷屋
2
81
渡口
329
中城湾
カンナ崎
沖縄基地隊
熱田
大西テラスGC
大城
中村家住宅 P.80
146
中城城跡 P.55
久場
泊
添石
アギナミ島
太平洋
AJリゾートアイランド伊計島
大泊ビーチ
伊計島
仲原遺跡
P.80 伊計ビーチ
伊計ビーチ
キャンプ場
伊計大橋
トンナハビーチ
10
金武湾
与那城池味
宮城中央公園
3
与那城上原 宮城島
与那城桃原
ぬちまーす
観光製塩
ファクトリー
P.80
うるま市
平安座島
10
与那城平安座
156
154-155
名護
152-153
150-151
沖縄
148-149
那覇
142-143
144-145
238
浜比嘉大橋
P.81
古民家食堂
ていーらぶい
上図(海中道路)へ
勝連浜
浜比嘉島
太平洋
4
P.81 浜比嘉島
ホテル浜比嘉島リゾート
高江洲製塩所
P.75
勝連比嘉
兼久ビーチ
浜比嘉島・伊計島
0　　　　1km
N
D
E
F

東 シ ナ 海

156
154-155
名護
152-153
沖縄
150-151
那覇
148-149
144-145
142-143

A

1

リザンシーパークホテル谷茶ベイ
58
谷茶
恩納海岸
PGM
ゴルフリゾート
沖縄
富着ビーチ
恩納村
前兼久
タイガービーチ
ムーンビーチ
富麓
うるま市民の森公園
P151右下
真栄田岬
恩納村博物館
仲泊
肥前川
石川伊波
石川
73
2

残波岬
残波岬公園 P.66
残波リゾート
アクティビティパーク
残波ビーチ
グランドメルキュール沖縄残波岬
残波GC
ベストウェスタン
沖縄恩納ビーチ
与久田ビーチ
真栄田
久良波
山田
仲泊遺跡
仲泊
6
石川ダム
石川
石川橋
石川公園
石川図書館
石川伊波
石川曙
255
東恩納
ジ・ウザテラス
ビーチクラブ
ヴィラズ P.128
瀬名波
残波入口
6
ココガーデンリゾート オキナワ P.128
石川バイパス
P.120 星のや沖縄
長浜
一翠窯 P.110
P.81 ビオスの丘
嘉手苅
石川山城
星野リゾート
バンタカフェ P.121
星野リゾート
オールーグリル P.121
ニライビーチ
儀間
長浜ダム
陶器工房 壹 P.73
58
アンサ沖縄リゾート
親志
沖縄
ロイヤルGC
P.75 神村酒造 古酒蔵
山城ダム
山城
東恩納
329
3

ホテル日航
アリビラ P.125
高志保
P.55 座喜味城跡
ユンタンザミュージアム
城跡公園
座喜味
やちむんの里 P.72
アロハG
石川楚南
P.75 体験王国
むら咲むら
ホテルむら咲むら
読谷山花織事業
協同組合 P.74
ビーチリゾートモリマー
6
読谷村
波平
上地
読谷村
陸上競技場
12
喜名
平和の森
道の駅喜名番所
球場
読谷村役場
倉敷ダム
池原
沖縄自動車道
米野比
後原
都屋
楚辺
座喜味
伊良皆
楚辺入口
伊良皆
大木
比謝
大瀬
沖縄職業能力開発大学校
池原
329
木綿原遺跡
渡具知
美らヤシパークオキナワ
P.80 東南植物楽園 知花
大工廻
沖縄市
36
4

58
大湾
牧原
久得
比謝川
沖縄北
比謝
クイーンズトラップGC
屋良城跡
嘉手納運動公園
道の駅
かでな
74
知花城址
登川
224
合同庁舎
知花
74
赤道
比謝川
古堅
嘉手納町役場
嘉手納
道の駅かでな
ロータリー
ドライブイン
UP-KITTY
P.79
26
知花
明道公園
明道
赤道
水釜 嘉手納
米軍施設
嘉手納飛行場
池武当
池武当東
美里
兼久
兼久海浜公園
西海岸・読谷周辺

0   1km
N
浦添・宜野湾・北谷へ↓
嘉手納町
58
下勢頭
八重島公園
沖縄IC・
沖縄南IC↓へ
沖縄税務署
中城へ↓
美原
沖縄北

A

B

C

D

恩納

万座ビーチへ

恩納品
▲363

↑安富祖へ

宜野座村
道の駅ぎのざ

慶佐次へ

234

恩納南

航空自衛隊恩納分屯基地

赤間総合運動公園

恩納

億

首川

喜瀬武原
ダム

福地川

329

漢那

漢那
ビーチ

屋嘉トンネル

88

伊芸SA

104

金武町
沖縄自動車道

金武ダム

キャンプハンセン

金武大橋

金武

リブマックス アムス・
カンナリゾートヴィラ

1

屋嘉ダム

屋嘉

伊芸

屋嘉

↑屋嘉ビーチ

金武

329

かりゆしコンドミニアム
リゾート金武ヤカシーサイド

町営グラウンド

金武町役場

金武観音寺

金城

キングタコス金武本店 P.103

東山CC

329

石川東山

329

大川

ブルービーチ

2

金武岬

石川赤崎

金武湾港

金武湾

具志川IGC 昆布

沖縄MAP ●西海岸・読谷周辺／仲泊周辺

うるま市

75

天願

8

川崎

224

天願川

宇堅ビーチ

安慶名中央公園

安慶名城跡

仲泊周辺

0   500m N

P.77・130 シェラトン沖縄
サンマリーナリゾート

3

AQUASENSE HOTEL&Resort

P.127

兼箇段

うるま市役所

安慶名

8

赤野

天

東シナ海

カフー リゾート フチャク コンド・ホテル

冨着ビーチ
タイガービーチ

西原

224

野鳥の森自然公園

田場

P.130 ホテルモントレ沖縄 スパ&リゾート

安慶名

平良川

224

田場

ザ・ムーンビーチミュージアムリゾート
かねひで恩納マリンビューパレス

ムーンビーチ

58

前兼久

谷茶

36

平良川

75

金武湾港入口

具志川ビーチ

真栄田岬 P.66

青の洞窟 P.76

P.66 やちむんカフェ土花土花

HIYORIオーシャンリゾート沖縄

58

仲泊

恩納

兼箇段

喜仲

仲嶺

具志川運動公園

上江洲

真栄田

山田
マリンクラブ
ナギ P.76

P.78 おんなの駅
なかゆくい市場
琉冰 Ryu-pin

琉冰 P.106

石川IC

73

4

喜屋武

具志川

久良波

瀬名波

恩納村
博物館

仲泊

6

6

宮里

224

16

大田

8

37

ルネッサンス リゾート
オキナワ P.77・127

山田

仲泊遺跡

仲泊南

仲泊

P.74琉球ガラス
匠工房
石川本店

石川ダム

江洲

85

224

豊原

塩屋 川田

勝連南風原

29

10

川田入口

海中道路へ

照間ビーチ

58

恩納村

国道329号へ

6

6

国道329号へ

D

川田

10

37

海中道路へ

E

喜手納

琉球村

F

151

本島中部

0　　1km　　N

本部へ↑
本部町 部間
本部へ↓

山入端 今帰仁へ↑ 為又公園
屋部 本部へ↓
449 白保橋東 84
部 屋
ホテルリゾネックス 72 宮里4北 58
名護 川 宮里3
P.110 紅型キジムナー工房 449
名護球場
名護市役所
ホテルゆがふいんおきなわ

名 護 湾

東 シ ナ 海

P.79 道の駅許田 やんばる物産センター 数久田
IC
TWIN-LINE 58
YANBARU OKINAWA JAPAN 道の駅許田
喜 幸喜ビーチ 福
ザ・テラスクラブ アット ブセナ 瀬 か 地
部瀬名岬 ビ ね 許田漁港 川
P.67ブセナ海中公園 海中展望塔・グラスボート ー ひ 福地原
チ で
P.123 ザ・ブセナテラス パ 許田 許田
喜瀬 レ 幸喜 許田GC
ス 71 古知屋又
かりゆしビーチ 喜瀬 沖縄自動車道
P.129 オリエンタルホテル 沖縄リゾート&スパ ザ・リッツ・カールトン
P.122 ハレクラニ沖縄 P.124 沖縄 P.124
沖縄かりゆしビーチリゾート・オーシャンスパ かねひで喜瀬CC
P.67 ミッションビーチ
ハイアット リージェンシー 名嘉真
瀬良垣アイランド 沖縄 P.132 UMITO PLAGE
P.126 The Atta Okinawa
P.77・126 ANAインター 瀬良垣漁港 安富祖北 海の旅亭おきなわ名嘉真荘
コンチネンタル ホテルみゆきビーチ 大川ダム
万座ビーチリゾート ダイヤモンドビーチ 美らオーチャードGC
万 58 県民の森 鍋川ダム
P.67 万座毛 座 みゆきハマバルリゾート 宜野座ダム
ビ 瀬良垣 県民の森キャンプ場
オリエンタルヒルズ沖縄 チ 安富祖
万座毛 ジ・アッタテラス
ジ・アッタテラス ゴルフリゾート 恩納村 宜野座村
クラブタワーズ 喜瀬武原 宜野座
恩納村役場 宜野座
恩 かんな湖 湖畔公園 宜野座村役場
浦 納 当袋川ダム 104 漢那ダム 福山
添 バ 宜野座IC
・ イ 漢那 道の駅
宜 パ 恩納岳 福 ぎのざ
野 ス ▲363 地 満
湾 恩納 川 城 那
北 恩納ダム 億 原 ビ
谷 58 首 ー
へ 恩納 川 沖縄自動車道 チ 234
88 喜瀬武原ダム
恩納南 屋嘉 リブマックス アムス
赤間総合運動公園 329 カンナリゾートヴィラ
金 中城へ
屋嘉トンネルへ 屋嘉ICへ 武 金武ダム
金武町 金武ICへ 金武IC

58
名護川西
名護バイパス
伊差川IC
71
伊差川
大宜味へ
大北
タクジトンネル
またきな大橋
振慶名
羽地ダム
仲尾次
D
源河へ
14
東村
源河大川
有銘
慶佐次へ

▲385
多野岳

真喜屋

E

F

1

名護東道路
名護東
大中公園
大中
名護十字路
名護城跡
名護中央公園
大中
世冨慶

オリオン
ハッピーパーク P.108
ホテルルートイン名護

名護岳
▲345

18
東江原トンネル
番越トンネル

大浦川
大川

▲295
一ツ岳

源河

有津川

天仁屋

331

2

世冨慶IC
数久田区体育館
世冨慶
数久田
長堂橋
轟の滝
轟川

名護市

大浦川
大浦

329
二見
わんさか大浦パーク

大浦橋
瀬嵩橋
瀬嵩

瀬嵩川
汀間

三原
福地

ゲーヤー滝

汀間川
喜陽

天仁屋

331

辺野古岳
332▲
石岳
▲236
久志岳
▲335

辺野古
美謝川
二見(北)

331

P.131 カヌチャリゾート
汀間漁港
カヌチャビーチ

カヌチャリゾートカヌチャGC
安部

安部崎

ギミ崎
安部オール島

2

大浦湾

3

久志岳
Gガーデン
豊原

329
豊原

13

辺野古古川
辺野古ダム
辺野古
辺野古

キャンプシュワーブ
辺野古崎
長島
平島

3

潟原ダム
71
松田北

加知味崎
宜野座CC

久志
久志川

太 平 洋

高松
松田

THE HIRAMATSU
HOTEL & RESORTS宜野座

宜野座大橋
宜野座ビーチ

4

156
154-155
名護
150-151
沖縄
152-153
148-149
那覇
144-145
142-143

4

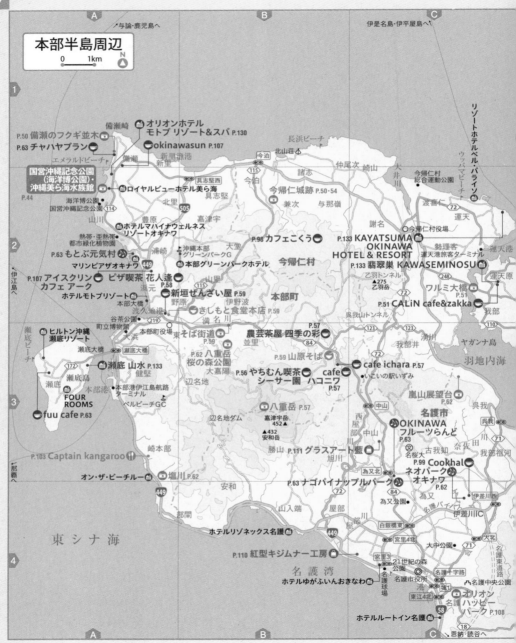

東 シ ナ 海

ハートロック P.53
トケイ浜 P.53
One Suite THE GRAND P.132
古宇利島 P.51·52
古宇利オーシャンタワー P.53
古宇利
KOURI SHRIMP P.53
古宇利ビーチ(チグヌ浜)
古宇利港
247
古宇利島の駅 ソラハシ P.52
チグヌ浜 P.52
古宇利大橋 P.51·52

125
済井出
110
屋我地島
125
屋我
なんま森 屋我
夫振岩
屋我地island 屋我地ビーチ
ビーチセンター
屋我地大橋
奥武島
仲尾
次漁港
110
羽地奥武橋
真喜屋
国頭方西街道
源河
がじゅまる自然学校
505
仲尾
田井等
仲尾次
真喜屋
稲嶺
仲尾次北
真喜屋大川
親川
58
川上
宇橋山
▲284
14
羽地
大川
羽地ダム
タクジトンネル
源河大川
まだきな大橋
▲385
多野岳
名護市
有銘
▲295
一ツ岳
大浦川
東江原
トンネル
大川
18

奥間
オクマビーチ
P.129 オクマ プライベートビーチ&リゾート
鏡地
P.62 道の駅ゆいゆい国頭
鏡地シナマー公園
くいなエコ・スポレク公園
辺戸
1
国頭村
58
サザマ石
謝名城
喜如嘉
P.99 笑味の店
芭蕉布の里
大宜味村役場
大宜味
鏡波
大兼久
ネクマチヂ岳
▲361
2
根路銘
上原
塩屋富士
▲317
塩屋
塩屋漁港
塩屋港
屋古
田港
大宜味村
押川
塩屋大橋
宮城島
宮城
塩屋湾
宮城橋
白浜
道の駅おおぎみ
9
大保大川
平南橋
平崎トンネル
大保
大保ダム
津波
大宜味
シークヮーサーパーク
58
331
ター滝
山と水の生活博物館
村民の森
津波山
236▲
3
平南川
慶佐次川
東村役場
70
伊是名
平良湾
平良
奥
慶佐次
東村
慶佐次川のヒルギ林 P.60
東村ふれあい
ヒルギ公園 P.61
有銘湾
4
やんばる自然塾
P.61
有津川
太 平 洋
331
天仁屋
宜野座ICへ
F

やんばる

0 2km N

辺戸岬 P.62
P.62 大石林山　宇佐浜遺跡
58　辺戸御嶽
P.62 茅打バンタ　248　世皮崎
宜名真トンネル
宜名真漁港
宜名真
ウテンダトンネル　辺戸
宇嘉トンネル　武見　奥港
奥ヤンバルの里
奥
宜名真ダム　奥　尾西岳 ▲272
奥
川　赤崎

▲420
西銘岳
伊江
楚洲
伊江川
我地 70
我地
2 照首山 ▲395　国頭村　伊部岳 ▲352 2
フエンチヂ岳 ▲390　伊部
タカジシ山 250▲　安田
国頭村役場　謝敷　70
やんばる　2
安田漁港
オクマ プライベートビーチ＆リゾート P.129
オクマビーチ　普久川ダム
鏡地シナマー公園
くいなエコ・スポレク公園　安波のタナガーグムイ
道の駅ゆいゆい国頭 P.62　植物群落
安波
比地大滝キャンプ場　503　与那覇岳　安波ダムのサキシマ
3 比地大滝トレッキング P.61　クイナ湖　スオウノキ 3
やんばる学びの森 P.63　やんばる　安波
サザマ石　パイナップルの丘安波
笑味の店 P.99　芭蕉布の里　267▲ 赤又山
大宜味村役場　▲446
58 大宜味　伊湯岳
ネクマチヂ岳 ▲361　新川湖
塩屋富士 ▲317　新川ダム
大崎

塩屋漁港　玉辻山 ▲289
塩屋港
塩屋大橋　上新川
宮城島
宮城橋
道の駅おおぎみ　東村　太平洋
9 平南橋　新川崎
名護へ　津波　大保ダム　福上湖川
大宜味村　福地ダム　ギナン崎
331 山と水の生活博物館
4 宇嘉山 ▲284　津波山 ▲236　東村役場 4
14　サンライズひがし
慶佐次　70
名護市　平良湾
慶佐次川のヒルギ林 P.60
東村ふれあいヒルギ公園 P.61
有銘　天仁屋　やんばる自然塾 P.61
有銘湾

辺野古へ

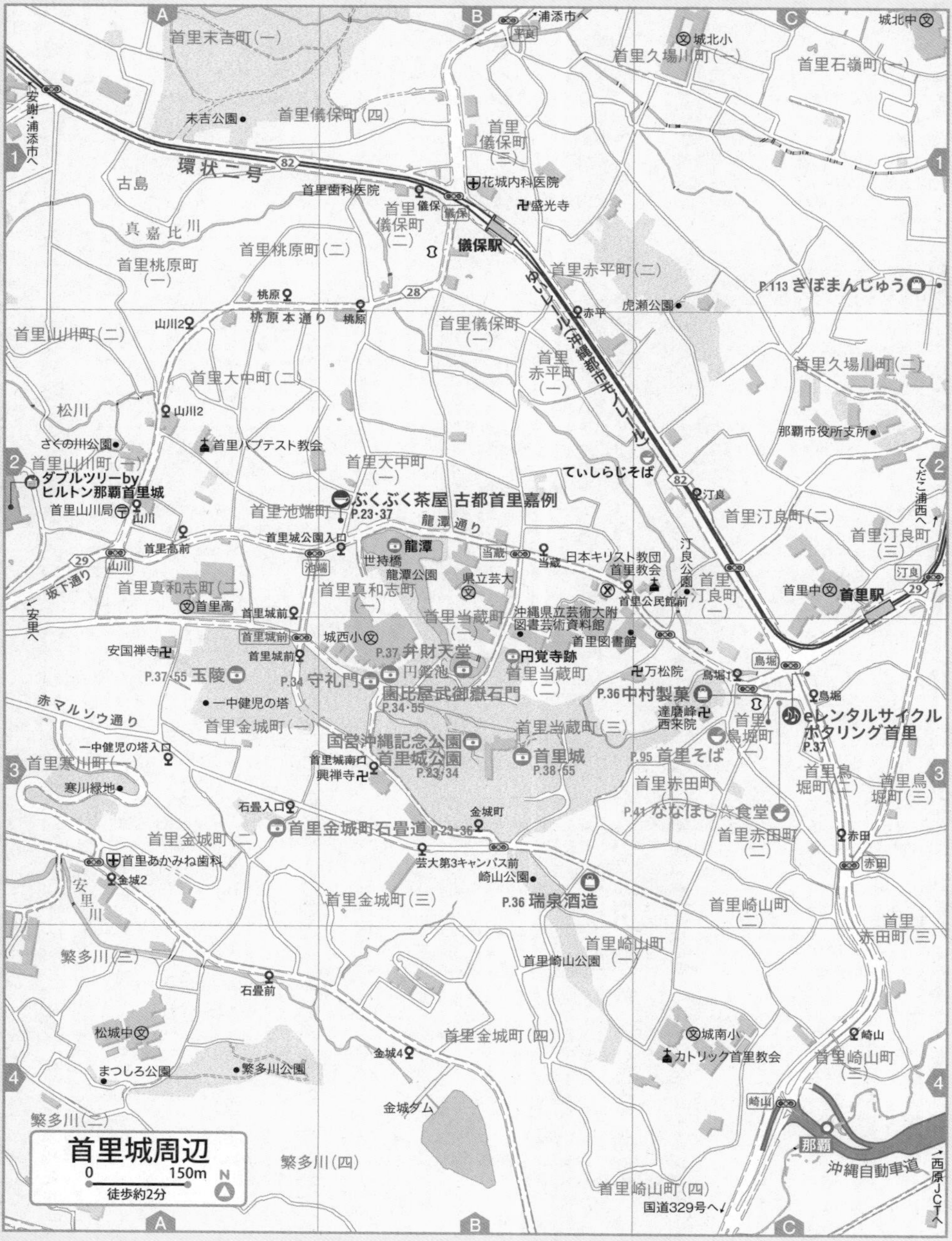
首里城周辺
0
150m
徒歩約2分
N
環状二号
82
29
28
首里末吉町(一)
首里儀保町(四)
首里儀保町(三)
首里儀保町(二)
首里儀保町(一)
首里久場川町(一)
首里久場川町(二)
首里石嶺町(一)
城北小
城北中
浦添市へ
安謝・浦添市へ
平良
末吉公園
古島
真嘉比川
首里歯科医院
儀保
花城内科医院
盛光寺
儀保駅
首里桃原町(二)
首里桃原町(一)
首里赤平町(二)
首里赤平町(一)
ゆいレール(沖縄都市モノレール)
P.113 きぼまんじゅう
桃原
桃原本通り
山川2
赤平
虎瀬公園
首里山川町(二)
首里大中町(二)
首里大中町(一)
松川
那覇市役所支所
さくの川公園
首里バプテスト教会
首里山川町(一)
ダブルツリーbyヒルトン那覇首里城
首里山川局
山川
首里池端町
ぶくぶく茶屋 古都首里嘉例
P.23・37
ていしらじそば
汀良
首里汀良町(二)
首里汀良町(三)
首里汀良町(一)
てだこ浦西へ
首里城公園入口
龍潭通り
首里高前
龍潭
世持橋
龍潭公園
池端
当蔵
日本キリスト教団首里教会
汀良公園
坂下通り
首里真和志町(二)
首里真和志町(一)
県立芸大
首里公民館前
首里中
首里駅
首里高
首里城前
首里当蔵町(一)
沖縄県立芸術大附図書芸術資料館
首里図書館
安里へ
城西小
P.37 弁財天堂
円覚寺跡
鳥堀
安国禅寺
P.37・55 玉陵
P.34 守礼門
円鑑池
首里当蔵町(二)
万松院
鳥堀1
園比屋武御嶽石門
P.34・55
P.36 中村製菓
赤マルソウ通り
一中健児の塔
達磨峰西来院
eレンタルサイクル ポタリング首里
P.37
首里金城町(一)
首里当蔵町(三)
首里鳥堀町(一)
一中健児の塔入口
国営沖縄記念公園 首里城公園
P.23・34
首里城
P.38・55
P.95 首里そば
首里寒川町(一)
首里城南口
興禅寺
首里赤田町(一)
首里鳥堀町(二)
首里鳥堀町(三)
寒川緑地
石畳入口
金城町
P.41 ななほし☆食堂
首里金城町(二)
首里金城町石畳道
P.23・36
首里赤田町(二)
赤田
首里あかみね歯科
金城2
芸大第3キャンパス前
崎山公園
安里川
首里金城町(三)
P.36 瑞泉酒造
首里崎山町(二)
首里赤田町(三)
首里崎山町(一)
首里崎山公園
繁多川(三)
石畳前
松城中
首里金城町(四)
城南小
崎山
カトリック首里教会
首里崎山町(三)
金城4
まつしろ公園
繁多川公園
繁多川(二)
金城ダム
那覇
沖縄自動車道
西原JCTへ
繁多川(四)
首里崎山町(四)
国道329号へ

INDEX さくいん

🔵 観光みどころ 🟣 プレイスポット 🟡 レストラン・食事処 🟢 カフェ・喫茶 🟠 居酒屋・BAR 🟤 みやげ店・ショップ 🔶 宿泊施設

ココミル 沖縄

九州④

すてきな思い出
できましたる♪

2024年6月15日初版印刷
2024年7月1日初版発行

編集人：東海林愛果
発行人：盛崎宏行
発行所：JTBパブリッシング
　　　　〒135-8165
　　　　東京都江東区豊洲5-6-36　豊洲プライムスクエア11階

編集・制作：情報メディア編集部
取材・編集：トラベローグ（伊東一洋・高良蘭）
ヴィトゲン社／外谷千佐子

アートディレクション：APRIL FOOL Inc.
表紙デザイン：APRIL FOOL Inc.
本文デザイン：APRIL FOOL Inc.
ジェイヴイコミュニケーションズ（藤田瑞穂・星真琴）
イラスト：平澤まりこ
撮影・写真：増島実／宮地工／大湾朝太郎／福里さやか／根原奉也／
仲本潤／G-KEN／関係各市町村観光課・観光協会
地図：千秋社
組版・印刷所：佐川印刷

編集内容や、商品の乱丁・落丁の
お問合せはこちら

JTB パブリッシング お問合せ

https://jtbpublishing.co.jp/
contact/service/

本書に掲載した地図は以下を使用しています。
測量法に基づく国土地理院長承認（使用）R2JHs293-941号、R2JHs
294-422号

●本書掲載のデータは2024年4月末日現在のものです。発行後に、料金、営業時間、定休日、メニュー等の営業内容が変更になることや、臨時休業等で利用できない場合があります。また、各種データを含めた掲載内容の正確性には万全を期しておりますが、お出かけの際には電話等で事前に確認・予約されることをお勧めいたします。なお、本書に掲載された内容による損害賠償等は、弊社では保障いたしかねますので、予めご了承くださいますようお願いいたします。●本書掲載の商品は一例です。売り切れや変更の場合もありますので、ご了承ください。●本書掲載の料金は消費税込みの料金ですが、変更されることがありますので、ご利用の際はご注意ください。入園料などで特記のないものは大人料金です。●定休日は、年末年始・お盆休み・ゴールデンウィークを省略しています。●本書掲載の利用時間は、特記以外原則として開店（館）～閉店（館）です。オーダーストップや入店（館）時間は通常閉店（館）時刻の30分～1時間前ですのでご注意ください。●本書掲載の交通表記における所要時間はあくまでも目安ですのでご注意ください。●本書掲載の宿泊料金は、原則としてシングル・ツインは1室あたりの室料です。1泊2食、1泊朝食、素泊に関しては、1室2名で宿泊した場合の1名料金です。料金は消費税、サービス料込みで掲載しています。季節や人数によって変動しますので、お気をつけください。●本誌掲載の温泉の泉質・効能等は、各施設からの回答をもとに原稿を作成しています。

本書の取材・執筆にあたり、
ご協力いただきました関係各位に厚くお礼申し上げます。

おでかけ情報満載　https://rurubu.jp/andmore/

243209　280243
ISBN978-4-533-15865-0　C2026
©JTB Publishing 2024
無断転載禁止　Printed in Japan
2407